突然ですが

家に何種類の洗剤がありますか？

成分表を見ると、似たような洗剤が実は多い。

洗剤がたくさんあることで掃除はラクになっていますか？

「洗剤を多く持っている人ほど掃除がキライ」
というデータもあります

大きく分けて

汚れは4種類

ホコリ・
砂・泥

アブラ（油脂）
食べ物のカス
体から出る汚れ

水アカ
石けんカス

カビ・雑菌

洗剤は5つで十分

1 重曹

2 クエン酸

3 過炭酸ナトリウム

4 アルコール

5 石けん

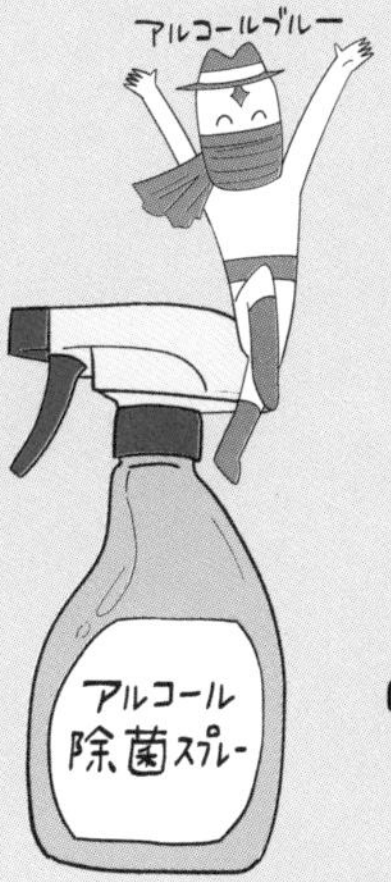

汚れに合った対策で

ホコリは
ワイパー

水アカは
クエン酸

カビ・雑菌は
アルコール

アブラ汚れ
食べ物のカスは
石けんで洗ったり…

食器洗いせっけん
すすぎがラク

体から出る
汚れは
重曹水で拭いたり

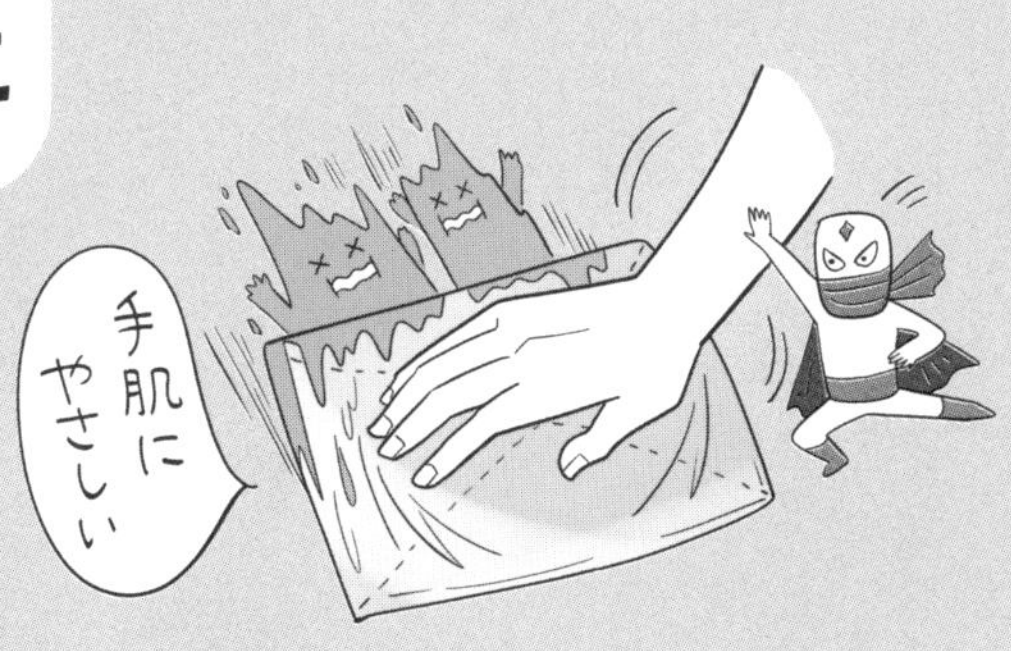
手肌にやさしい

カビ・雑菌は
過炭酸ナトリウム

劇的に

掃除はラクになる

掃除が楽しくなるよ!
ガーン
知らなかった…

はじめに

「あなたは、掃除が好きですか？」

この本を作るにあたり７３４人の主婦の方にアンケートをとりました。

「掃除が好き」と答えた人は40％。「キライ」と答えた人は60％。

この数が多いと思うか、少ないと思うかはさておき、私はひとつの傾向に気づいて驚きました。

「掃除がキライ」と答えた人のほうが、

「好き」と答えた人よりも、多くの洗剤を持っていたのです。

あなたは、自宅に何種類の洗剤を持っていますか？


風呂用、トイレ用、台所用、ガラス用、カビ除去用、フローリング用、洗濯用……

洗剤は場所別・用途別に驚くほどたくさんあります。

その洗剤の違いはご存じですか？　風呂用とトイレ用は何が違いますか？

それらを買いそろえ、吹きつけ、泡立て、こすってこすって、流して流して、拭きとって。

やればやるほど疲れ果て、肌荒れはひどくなり、でも思ったほどにはキレイになっていない。その繰り返しなのではないでしょうか。

だから掃除がイヤになる。汚れがたまるまで放置する。汚れがこびりついてなかなか落ちない。強力な洗剤を使う。手肌が荒れる……負のスパイラルです。

これらの洗剤は、ほとんどが合成洗剤です。

洗剤が肌や地球環境に、いい影響を与えない……ということは、多くの方がご存じだと思います。一方で、「掃除をラクにしてくれる便利なもの」「化学の力で、落ちない汚れも落としてくれる」という認識もお持ちではないでしょうか。

でも私には、強力な洗剤こそが、掃除を大変にしている原因に思えるのです。

強力な洗剤は、「ほんの少量で汚れが落ちるからエコ!」「シュッとスプレーすればあっという間に汚れがとける」と思われています。

でも、ほんの少量で汚れが落ちるということは、どんなに薄めても洗剤の力が持続するということです。たくさんすすぎ、何度も拭きとらないと、洗剤の力が残ったままなのです。

私は大学時代に化学を専攻していました。実験で使う試験管やビーカーは食器洗い用の洗剤で洗っていましたが、すすぎ方には厳しいルールがありました。

泡が切れるまですすぐこと。さらにそのあとで、容器の口いっぱいまで水をためて、ザッと捨てる、これを15回繰り返すこと。

「泡が切れたあとに15回すすぐ？　なんでそんな面倒なことをしなくちゃいけないの？」

最初はそう思いました。でもすぐに理解しました。すすぎを数回さぼるだけで、実験結果が確実に変わってしまうからです。容器に残った目に見えない成分の強力さを実感しました。

大学を卒業後、化学製品を作る会社で、合成洗剤の製造を担当しました。いつの間にか洗剤の成分や、作り方を知ることになりました。それまで使っていた洗剤の成分を読んでみると、似たような洗剤が驚くほど多いこと。洗浄成分に大きな違いはなく、オレンジ系は風呂、フローラル系はトイレなど、香料やボトルの色が違うだけの洗剤を、コレクションしていることに気がつきました。

合成洗剤を使わない掃除が、私のおすすめするナチュラルクリーニングです。使うものは5つだけ。

重曹、クエン酸、過炭酸ナトリウム、アルコール、そして石けん。

この5つの洗剤さえあれば、家じゅうの汚れが落とせます。場所別、洗うもの別に色とりどりの洗剤ボトルをそろえる必要はなくなります。

しかも、場所別にではなく、汚れに合わせて洗剤を使うことで、おもしろいほど簡単に汚れが落ちるのです。

また、私がいちばん感激したのは、合成洗剤のように入念にすすいだり、何度も水拭きをしたりする必要のないものがほとんどだ、ということです。

掃除をラクにするのは、すすぎをラクにすることだと気づいたのです。


掃除をラクにするさまざまな秘密と具体的な方法をまとめたのがこの本です。一生役立つ掃除の知識をぎゅっと詰め込みました。

最小限の手間で、最大限の結果が出る方法がわかります。そして、掃除をラクにするグッズ選びや汚さないコツなどもお伝えしたいと思います。

掃除がラクになると、楽しいという話も聞きます。ぜひ、試してみてくださいね。

2019年6月　本橋ひろえ

CONTENTS

PART 5 浴室&洗面所、カビ知らず

PART 6 トイレと玄関から福を呼び込め

PART 7 リビングと寝室を、ここちよく

PART 1

「汚れ」って何？
実は知らない
掃除の原理

あなたはぞうきんで、何を拭いていますか？
あなたは掃除機で、何を吸いとっていますか？
あなたの使っているその洗剤は、
いったいどんな働きをしているのですか？

汚れには「性質」があります。
性質に合った洗剤を正しく使えば、
ガンコな汚れもスルリと落ちます。
敵を知らねば戦術も立てられません。
まずは敵である「汚れ」について知りましょう。

場所別に洗剤を選ぶと掃除は大変！

敵（汚れ）を知ることで、掃除は一気にラクになる

料理を習ったことがある人は多いと思います。親から、家庭科の時間に、料理教室で、本を読んで。でも、掃除について習った経験はありますか？　汚れが落ちる仕組みについては？　そもそも汚れとは何か、教わったことはありますか？

少なくとも私は習いませんでした。私の講座に来てくださる方々もだいたい同じようなものです。習っていない私たちは、どうやって掃除をしているのでしょう。多くの人は、市販されている洗剤に教えてもらっているのではないでしょうか。

浴室を洗うときには風呂用の洗剤を、トイレを掃除するときにはトイレ用の洗剤を買い、ラベルに書かれている「使い方」を読んで掃除をします。でも、それが本当に正しい掃除方法なのかと考えたことはあるでしょうか。そもそも、場所別に洗剤が必要なのでしょうか。

掃除で大切なのは、どこを掃除するかではなく、何の汚れを落とそうとしているのかを考えることです。

汚れを大きく分けると「洗剤がいらない汚れ」と「洗剤が必要な汚れ」の2種類があります。

ホコリやチリ、砂などは洗剤のいらない汚れです。これらは掃除機で吸いとれば簡単です。トイレのホコリでも、トイレ用の洗剤は必要ありません。洗剤が必要な汚れも、その汚れに最適な洗剤を使わないと効果がありません。たとえば浴室の鏡の白いウロコ状の曇りは、「風呂用」の洗剤でも「ガラス・鏡用」の洗剤でも落ちませんよね？「場所」は合っているけれど、汚れの種類が間違っているからです。

洗剤がいらない汚れ

- ホコリ、チリ
- 泥、砂
- 髪の毛など

洗剤が必要な汚れ

- 油
- 体から出る皮脂、角質（アカ）、汗、尿
- 食べ物のカス
- 水アカ
- カビや雑菌

汚れ
1

家の汚れの大親分！それはホコリ・チリ！

日々たまっていく汚れの代表。人間がいるだけでたまり、人間がいなくてもたまる。

正体
繊維くずに髪の毛などがからまったもの。砂や泥や食べ物のカスなどが乾燥したもの。

放置すると
雑菌が繁殖したり、においのもとになったり、アブラ汚れとまじりあってこびりつく。

対処法
掃除機やハンディワイパーなどで、物理的にとり除く。

ホコリ・チリが多いのはこんな場所

ホコリは移動する
人が動くとホコリもついてくる。
洋服を脱ぎ着するところ
寝室だけでなく、トイレや浴室の脱衣所にも多い。
寝具のあるところ
布団や毛布はホコリの生産拠点と心得よ。

放置するとアブラ汚れとまじりガビガビにこびりつく

ホコリのない家はありません。掃除のゆきとどいた家でも、人のいない家でも、たまっていくのがホコリやチリです。実を言うと、家の中でもっとも多い汚れが、洗剤のいらない汚れであるホコリなのです。

ホコリを分解してみましょう。メインとなる物質は、衣類や布製の家具から出る綿ボコリです。フワフワした繊維の間に、髪の毛や食べ物のカス、外から入ってきた粉塵や花粉などがまじりあっています。なかにはカビやダニが繁殖していることも。これを放置すると雑菌のすみかになって、家のにおいの原因になります。しかも、時間がたつと室内のアブラ汚れとまじりあって、フワフワだったホコリがガビガビになり、洗剤がなくてはとれないガンコ汚れに変質。掃除機やワイパーでとれるうちにとり除くのが実はラクなのです。

汚れ
2

洗剤で落とす汚れの主役
アブラ汚れ！

キッチンだけでなく家じゅうどこにでもある汚れ。人間の体だってアブラを排出している。

正体

飛び散った料理油、お肉や魚から出る動物性脂肪、人間の手肌から出る皮脂など。

放置すると

アブラ（油脂）は時間とともに乾いてかたまり、落ちにくくなる。酸化するとイヤーなにおいの原因にも。

対処法

重曹、過炭酸ナトリウム、アルコールなど。早めに拭けば洗剤なしでも落とすことができる。

アブラ汚れが多いのはこんな場所

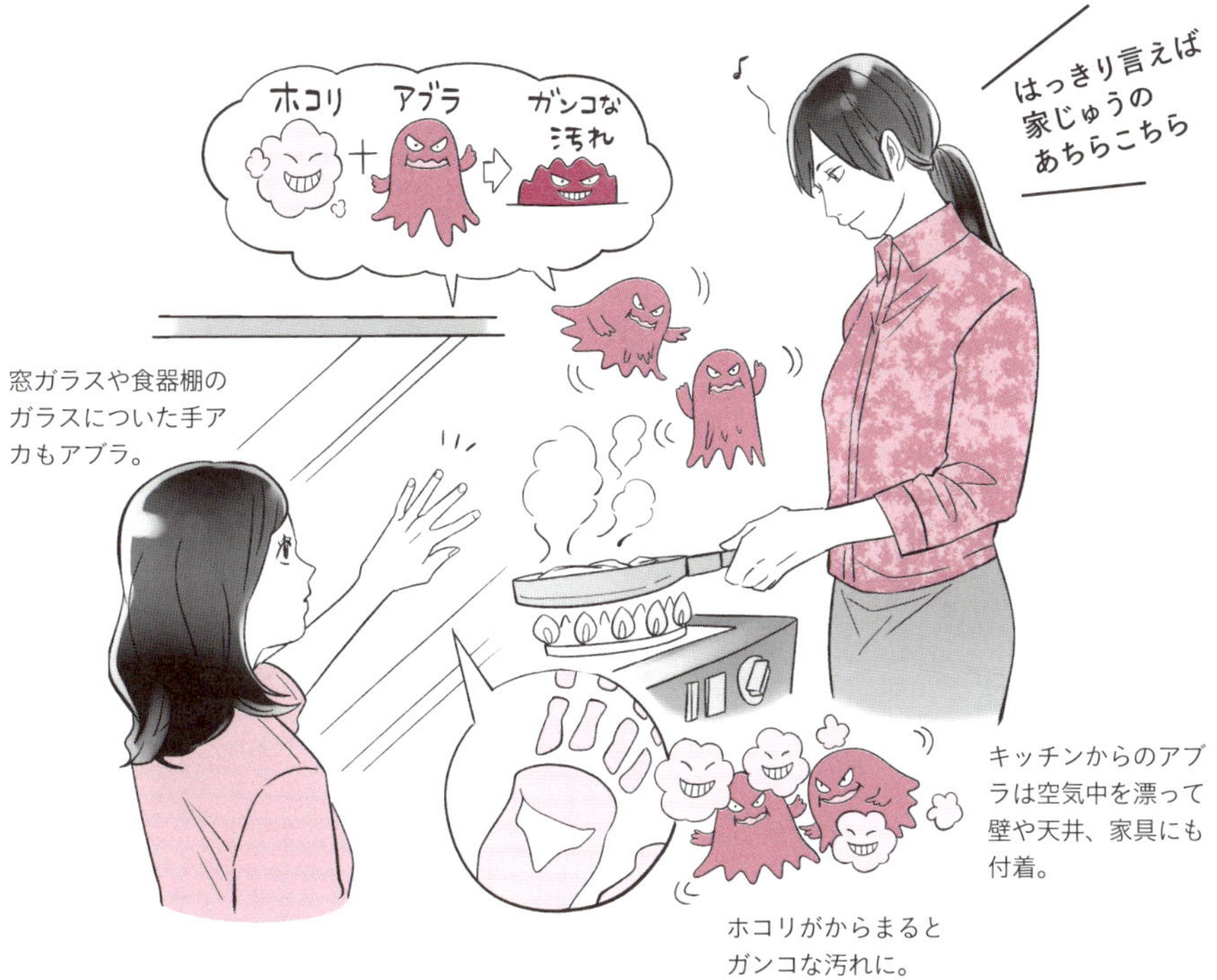
はっきり言えば家じゅうのあちらこちら
ホコリ
アブラ
ガンコな汚れ
窓ガラスや食器棚のガラスについた手アカもアブラ。
キッチンからのアブラは空気中を漂って壁や天井、家具にも付着。
ホコリがからまるとガンコな汚れに。

アブラで汚れるのはキッチンだけにあらず

「アブラ汚れはキッチンの汚れ」と思われがちですが、アブラは家じゅうどこにでも広がる汚れです。

なぜかというと、料理中にフライパンの油や肉や魚の脂を含んだ水蒸気が発生するから。キッチンだけでなく、リビングや廊下にも流れ出し、壁や天井にも付着します。換気扇や換気扇カバーが汚れていると、部屋の換気が不十分になるので、なおさら室内のアブラ汚れは深刻に。

原因はそれだけではありません。私たちの体から出る皮脂の汚れもアブラ汚れなのです。床のベタベタ汚れは、足の裏から出る皮脂汚れ。電気スイッチの汚れは、指先の皮脂かもしれません。

アブラは早めに拭きとれば洗剤なしでもキレイになります。温度が高いほうが落としやすいので、お湯を使うとラクに落ちますよ。

汚れ 3

水まわりにたまるガンコもの水アカ！

シンクや浴室など、水を使う場所にできる白いこびりつき。原因は、水道水に含まれるミネラル。

正体

水道水が蒸発したあとに残る、水の中にとけていたカルシウムやマグネシウムなどのミネラル分。

放置すると

毎日掃除が必要なわけではないが、放置するとたまって洗剤を使ってもとれなくなる。

対処法

水滴を拭いておくと予防できる。水アカをとるには、クエン酸や酢など酸性の洗剤が効く。

水アカがつきやすいのはこんな場所

日々、
水を使う場所

蛇口や洗面台、シンクなど。

水がかかり
やすいもの

浴室や洗面所の鏡、風呂桶、洗面器。

水を熱して使う
電化製品

電気ケトル、加湿器、食洗機の内側。

浴室の鏡の白いスジ 放置するとガッチリかたまる

水で流せばキレイになる……イメージですが、水道水が原因の汚れもあります。それが水アカ。浴室の鏡についたウロコのような白い汚れや、加湿器の底に残る結晶のような汚れ、トイレの手洗いの水栓につく白いかたまりも水アカです。

水アカは、水道水にとけこんでいたミネラル分が残ったものです。そのため、窓が結露して水分がたまっても水アカはつきません。結露の水分は水蒸気によるものなので、ミネラルがとけこんでいないのです。

水アカ掃除には、風呂用洗剤も、ガラス用洗剤も、食器用洗剤も効果がありません。あとで詳しくお話ししますが、水アカはアルカリ性の汚れなので、クエン酸など酸性の洗剤が効果を発揮します。でも洗剤で掃除するよりも、こまめに水滴を拭きとって予防するほうが重要です。

汚れ 4

黒くなってからでは遅い！
カビ・雑菌！

浴室の床のピンク色、タイルの目地の黒いシミ、排水口のヌルヌル。これらはみんなカビや雑菌のかたまり。

正体

室内にはカビの胞子や雑菌が浮遊している。水分と栄養（汚れ）があり適温（20℃以上）のところで繁殖する。

放置すると

透明なヌルヌルの段階なら洗い流すことができるが、放置すると黒いシミが残ってしまう。

対処法

予防が大切。
日頃から水分をしっかり拭きとり、アルコールで除菌を。

カビ・雑菌が多いのはこんな場所

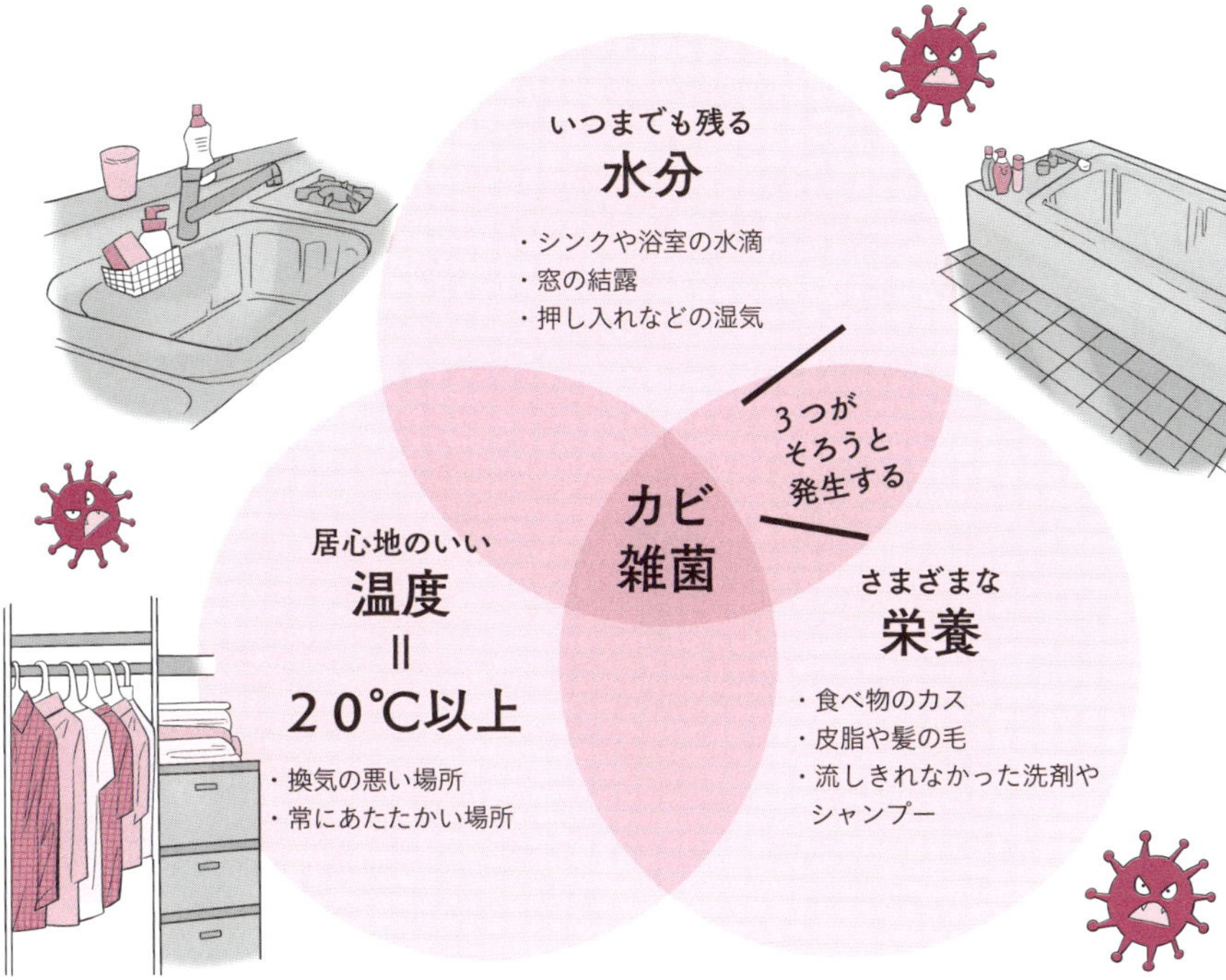
いつまでも残る
水分
・シンクや浴室の水滴
・窓の結露
・押し入れなどの湿気
居心地のいい
温度
＝
20℃以上
・換気の悪い場所
・常にあたたかい場所
さまざまな
栄養
・食べ物のカス
・皮脂や髪の毛
・流しきれなかった洗剤やシャンプー
カビ
雑菌
3つがそろうと発生する

見えないけれど確実にいるカビや菌は予防が最重要

家の中には目に見えない汚れもあります。たとえばカビや雑菌。室内の空気を採取して調べると、想像以上に多くのカビの胞子や雑菌が浮遊していることがわかるそうです。

しかもそれらは常に繁殖のチャンスを狙っています。カビや雑菌の繁殖に必要な条件は、①水分、②栄養（アブラ汚れや食べ物のカス、流しきれなかった洗剤やシャンプーなど）、③適温。浴室やキッチンはこれらの条件がそろいがちなので危険です。

「カビって、赤や黒の色がついたものですよね？」と聞かれますが、色がつく段階になるとカビはしっかり根を生やしているので、掃除が難しくなります。透明でヌルヌルしている状態のときに除去したいものです。

でも、掃除以上に大事なのは予防。①〜③のどれかひとつでも排除できれば、カビも雑菌も予防できます。

汚れるだけじゃない

消臭スプレーでは解決しない イヤ〜なにおい

においのもとは、さまざまな汚れ。においを消すには、汚れを突き止めて、とり除くことが必須。

正体

排水口や冷蔵庫のにおいは腐敗した食品、押し入れのにおいはカビ、トイレはアンモニアなど。

放置すると

雑菌が繁殖したり、食品の腐敗が進んだりすることで、においはますます強くなる。

対処法

消臭スプレーを吹きかけても、においの原因がある限りは消えない。まずは掃除！

イヤ～なにおいが発生するのはこんな場所

トイレの壁や床、天井
尿ハネが原因のアンモニアでにおう！
生ゴミのゴミ箱
腐敗した食べ物のにおい
カーテンや壁、床など
タバコの煙や食事の油脂がしみこんで、におう！
キッチンや浴室の排水口
カビや雑菌が繁殖してにおう！

効果的な洗剤で もとになる汚れをスッキリ

「イヤなにおいには消臭スプレー！」と思っていませんか？　それは本当の意味でのにおいの解消にはなりません。

においには必ず原因となる汚れがあります。たとえばキッチンで腐敗臭がするなら、それは生ゴミのせいかも。生ゴミを捨ててもまだにおうなら、ゴミ箱に汚れが付着しているのかも。排水口や三角コーナーに腐った食品が残っているのかもしれません。ここに消臭スプレーをかけても、備長炭を置いても、大もとの汚れが残っていては解決しません。

においは「ここが汚れているよ！気づいてよ！」というサインです。それぞれの汚れの種類に応じた洗剤を選び、においのもとになっている汚れを掃除することがいちばん。原因をとり除いてもにおいが残っている場合には、しっかり乾燥と換気を。

これで
掃除が
ラクになる
1

掃除は化学！汚れを性質で分類しよう

汚れの種類を分類すると

- 酸性、アルカリ性、中性の汚れがある。
- 室内の汚れの8〜9割は酸性の汚れ。
- ホコリやチリは液体ではないので、酸性でもアルカリ性でもない。

汚れの8〜9割はコレ

酸性の汚れ

・アブラ汚れ
・食べ物のカス
・人の体から出るもの
皮脂、角質(アカ)、尿、汗、など

少ない

アルカリ性の汚れ

・水アカ
・石けんカス
・アンモニア臭
・タバコや魚のにおい

洗剤は不要!

その他

・ホコリ、
チリ、砂、
髪の毛など

中性の汚れ

・カビ
・雑菌

汚れを化学的に分類すると退治する方法が見えてくる

汚れをラクに落とす一歩は、汚れを化学的に分類すること。思い出してほしいのが、リトマス試験紙です。液体に浸して、青くなったらアルカリ性、赤くなると酸性とわかります。この知識が、実は掃除に大変役立つのです。

すべての液体は、酸性からアルカリ性のどこかに位置しています(→P35の図)。汚れも同じ。アブラ汚れや食品から出る汚れ、人や動物の体から出る汚れはほとんどが酸性の汚れです。水アカやアンモニア臭などはアルカリ性の汚れ。カビや雑菌は酸性の汚れをエサにして繁殖しますが、汚れを調べると中性です。ホコリやチリなどは液体ではないので、どちらでもありません。

汚れが酸性かアルカリ性か分類できれば、あとはそれに合わせて洗剤を選ぶだけなのです。

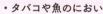

これで掃除がラクになる 2

汚れの性質で洗剤を選ぶとおもしろいようにキレイになる

鉄則！

- 酸性の汚れには、アルカリ性洗剤を。
- アルカリ性の汚れには、酸性洗剤を。
- カビ・雑菌汚れには除菌効果の高い洗剤を。

洗剤選びの基本ルール

酸性の汚れ

◆ 洗剤は？

アルカリ性洗剤

・重曹
・過炭酸ナトリウム
・石けん

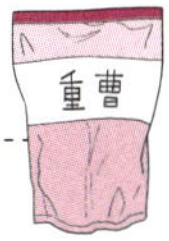

point

中性の洗剤だけれど、アルコールはアブラをとかして落とす。

アルカリ性の汚れ

◆ 洗剤は？

酸性洗剤

・クエン酸

point

においの強いアルカリ性の汚れを落とす。

カビ・雑菌の汚れ

◆ 洗剤は？

除菌効果の高い洗剤

・過炭酸ナトリウム
・アルコール

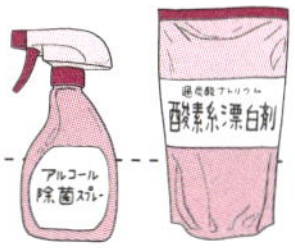

point

除菌はできるが黒ずみをとることは難しいので、まずは予防。

ホコリ・チリは？

・掃除機で吸いとる
・ワイパーなどで拭きとる
・ぞうきんで、から拭きか水拭きする

point

放置してアブラ汚れとまじるとベタベタになるので、アブラ汚れの洗剤を使う。

詳しくはパート2を！

汚れ落ちの秘密 1

酸とアルカリが中和すると汚れがゆるんで落ちやすくなる

大まかに説明すると

- 酸とアルカリがまじりあうと、中和して汚れがゆるむ。
- 中和してゆるんだ汚れはスルリと落ちる。

洗剤のpH値をチェック！

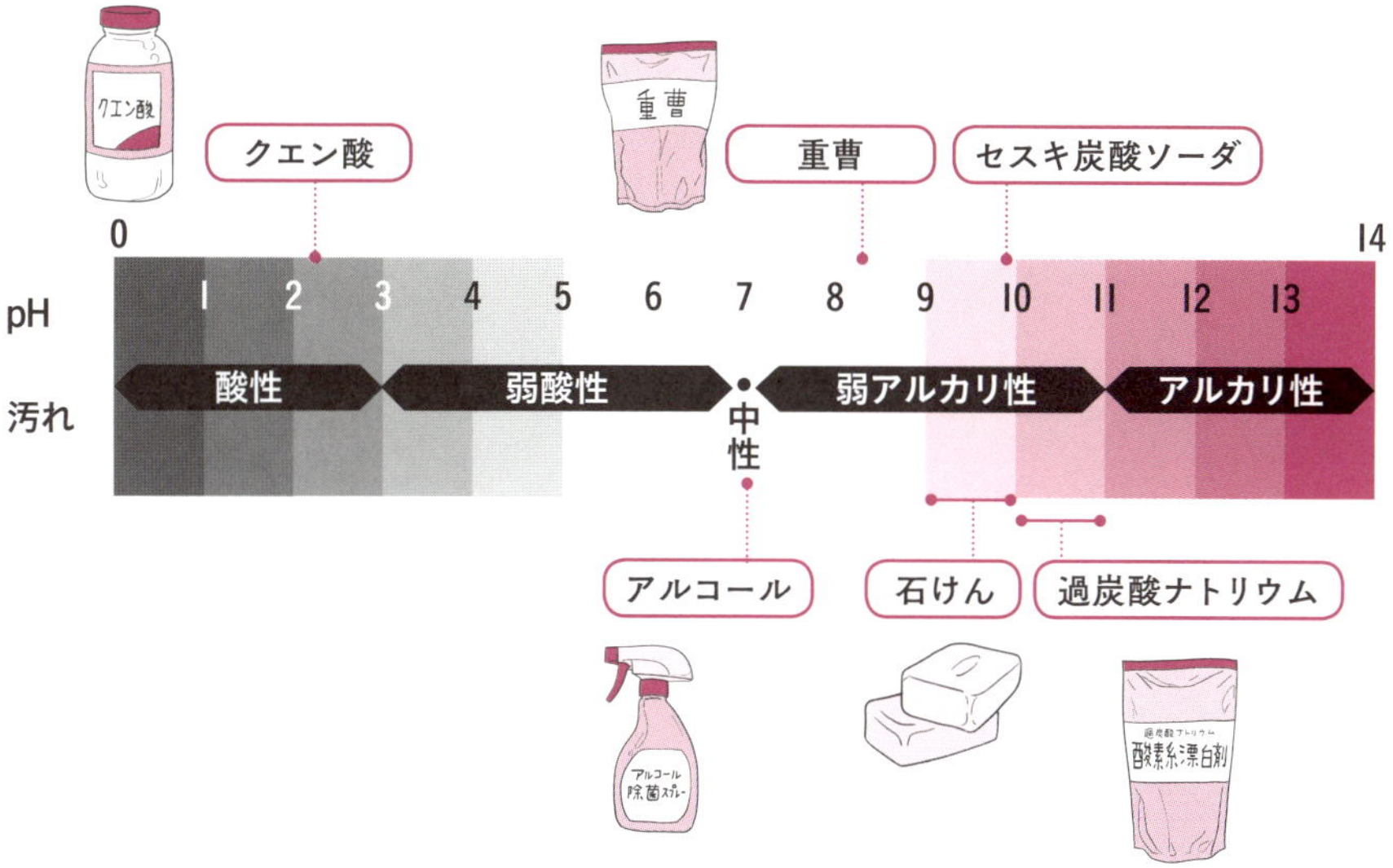

Point
- ◆アルカリが強いほど、酸性の汚れを落とす力が強くなる
- ◆酸が強いほど、アルカリ性の汚れを落とす力が強くなる
- ◆水溶液になっていない洗剤には洗浄力はない

汚れが中性になると水のようにサラサラに

酸性やアルカリ性は、水溶液（物質を水にとかしたもの）の性質をいいます。酢やミカンなどすっぱい液体は酸性、にがりなど苦味のある液体がアルカリ性、水はその中間にあたる中性です。腐った食べ物は酸っぱくなるし、アブラも時間がたつと酸化するので酸性の汚れになります。

酸やアルカリには強弱があり、その強さを示すのがｐＨ（ペーハー）値です。0〜14の数値で表し、ｐＨ7が中性、それより数字が小さくなると酸性が強く、大きくなるとアルカリ性が強くなります。酸性の液体と、アルカリ性の液体をまぜると中和して中性になります（小学校の理科で習いましたね！）。汚れを落とす原理もこれと同じで、酸性の汚れにアルカリ性洗剤を、アルカリ性汚れに酸性洗剤をかけるとたちまち中和して、サラリと扱いやすくなるのです。

汚れ落ちの秘密2

界面活性剤の力でアブラを水にとかして洗い流す

便利だけど注意

- 泡が立つ洗剤は界面活性剤。
- ナチュラル洗剤である石けんも、界面活性剤。
- 合成洗剤＝合成界面活性剤。残りやすく、すすぎが大変。

界面活性剤が汚れを落とすしくみ

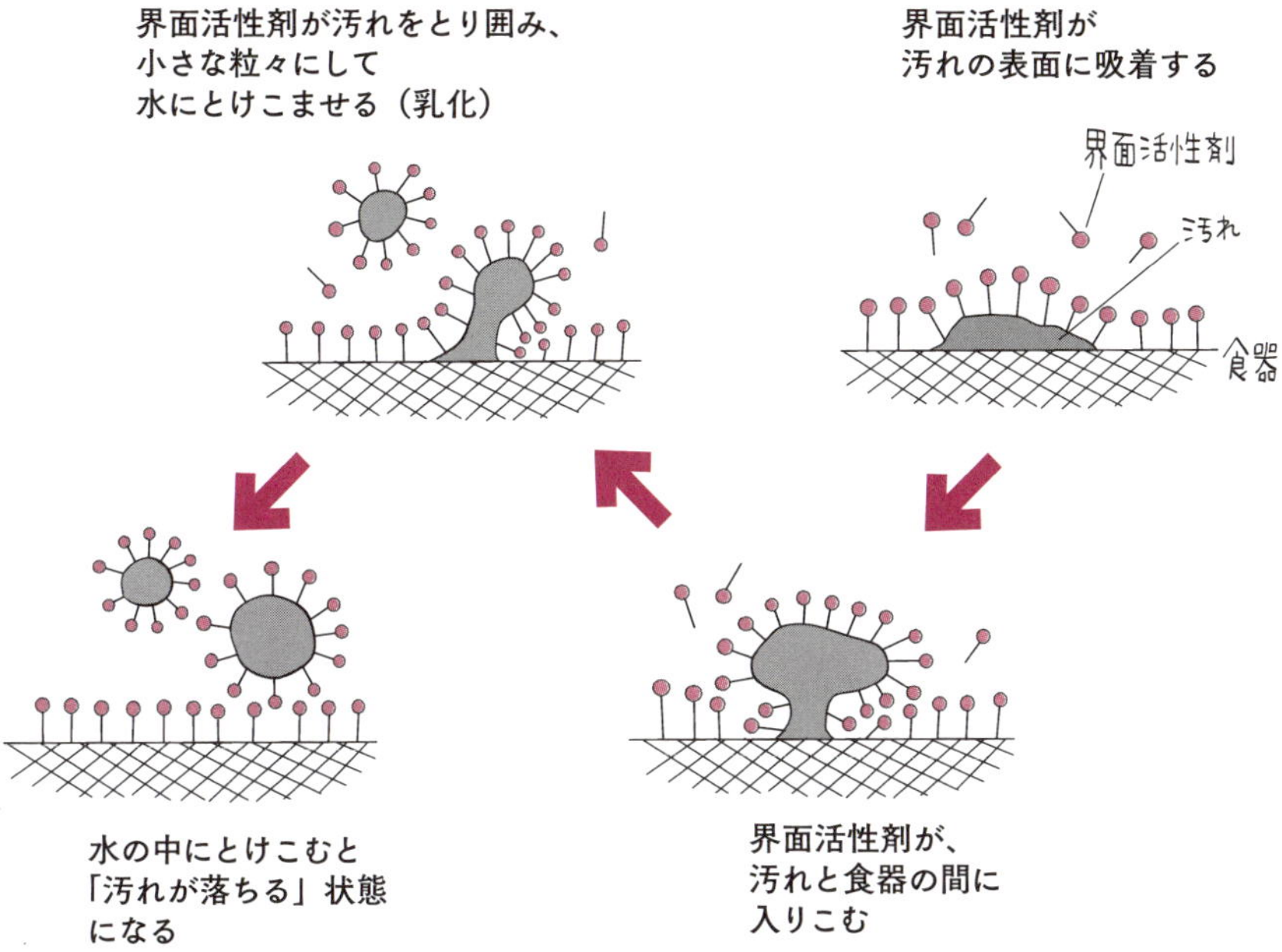
界面活性剤が
汚れの表面に吸着する
界面活性剤
汚れ
食器
界面活性剤が、
汚れと食器の間に
入りこむ
界面活性剤が汚れをとり囲み、
小さな粒々にして
水にとけこませる（乳化）
水の中にとけこむと
「汚れが落ちる」状態
になる

アブラ汚れに強い洗浄成分だが水がないと使えない

中和させて汚れを落とすほかに、界面活性剤の力を利用する洗剤があります。界面活性剤は水にとかして振ったときに泡が立つ洗剤。本来はまざることのない水とアブラをまぜあわせて汚れを落とします。

たとえば食器についたアブラ汚れに、水をかけてもはじかれますよね。でも、そこに界面活性剤を加えると、あら不思議。アブラは小さな粒々になって、水にとけて流れていきます。水とアブラの境目（界面）に入りこみ、界面を壊してまじりあわせる力があるのです。

その代表はナチュラル洗剤である石けん。

現在市販されている多くの合成洗剤に含まれているのは化学的に合成された界面活性剤で、原料は油脂。完全に洗い流さないとカビ・雑菌のエサになるので、水で流せる場所でしか使えません。

合成洗剤の何が問題？1

「たった一滴で汚れスッキリ」の洗剤は、実は怖い

理由は？

- 汚れ落ちのいい洗剤は、手肌の皮脂も流してしまう。
- 少量で汚れが落ち効果がある洗剤は、川や海の大量の水で薄めても効果が続く。
- 薄めても効果が残るので、すすぎが大変。エコではない。

合成洗剤、これってどういう意味？

すばやい泡切れ？

少量で泡立ちがよく、水を流せば泡切れも早い。この2つが両立するのも、普通に考えればありえない話。

手肌にやさしい？

強力な洗剤は手肌の皮脂を奪う。だから、保湿剤やコーティング剤を添加して「やさしい」アピール。でも、その成分は食器もコーティング。

植物由来だから安心？

合成界面活性剤の原材料はさまざまで、植物系の油も使われている。原材料が天然でも、作られたものが合成洗剤であれば結局同じこと。

除菌できる？

界面活性剤は油脂でできているので、洗剤が残るとカビや雑菌のエサになるけど、除菌剤を添加すれば大丈夫！　でも、その成分は体にいいの？

強力な合成洗剤なのに「やさしい」その理由

「一滴でみるみるアブラが消える！　しかも肌にやさしく、除菌もできる！」そんな洗剤が人気です。でもこれ、ちょっと矛盾しています。

「少量でアブラスッキリ！」の洗剤は、肌に必要な皮脂も奪うはずです。しかし合成洗剤なら、肌をコーティングする成分を添加して「手肌にやさしい」洗剤にすることは可能です。でも、その成分は食器などもコーティングするので、肌や口から入ってくるかもしれません。また、少量で汚れが落ちるということは、薄めても洗剤の成分が残るということ。「使う量が少ないからエコ」とは言えません。

「除菌」も不安です。泡立つ洗剤はすべて油脂でできているので、雑菌の大好物のはず。にもかかわらず除菌効果があるということは、除菌剤が添加されているのかもしれません。

「便利」には理由があるのです。

合成洗剤の何が問題？2

すすぎに時間がかかるから掃除がどんどん大変に！

洗剤が残ったままだと

- 油脂から作られた界面活性剤は栄養豊富。雑菌やカビのエサになり、汚れの原因に。
- 洗剤の成分が肌荒れの原因になる。

たとえば浴室の掃除

重曹で洗うと……

重曹は入浴剤の成分だから、多少流しそびれても気にしない！

合成洗剤で洗うと……

表面に細かな泡が見えるとなんだか不安。洗剤、ちゃんと流せたのかな？

汚れよりも気になる⁉ 洗剤のすすぎ残し

汚れが残るのはイヤですが、洗剤が残るのも実はとても困ったことなのです。それは天然素材の石けんでも同じです。

界面活性剤は油脂からできていますから、栄養豊富。カビや雑菌のエサになって、次の汚れを誘発します。皮脂も奪われます。

合成洗剤ならなおのこと、すすいでもすすいでもあとに残りやすく肌へも影響があります。それが食器やバスタブやトイレや床や壁、家じゅうのあちこちに残っていたら、肌荒れの原因にならないとは言いきれません。壁や床の劣化の原因にもなります。

とくに「少量でも効果抜群」の合成洗剤は、汚れが簡単に落ちたとしても、洗剤の成分を除去するのに時間がかかります。それで「掃除がラクになった」と言えるのでしょうか。

PART 2

用意するのは洗剤5つだけ

掃除ラクラク

手肌が荒れない

ナチュラルクリーニングを始めよう

合成洗剤をいっさい使わない掃除方法を
「ナチュラルクリーニング」と言います。
私が使う洗剤は、全部でたった5種類。
どれも地球上に存在する安全な成分だから
川や海に流れていっても、
環境負荷は低いと言えるでしょう。
食品として使われるものも多いので
掃除した床やテーブルを赤ちゃんが触れたり
ペットがなめたとしても心配無用。
洗剤のすすぎがラクになります。
ナチュラルクリーニングの最大の魅力は
手抜き掃除ができること、かもしれません。

掃除をラクにするコツはすすぎがラクな洗剤を使うこと

「なんちゃってナチュラル」には気をつけて

私は、合成洗剤を使いません。重曹、クエン酸、アルコール、過炭酸ナトリウム、そして石けん。この5つの洗剤だけで、掃除も洗濯も食器洗いもします。

合成洗剤の中には、「なんとなくナチュラル」なイメージのものもありますが、裏面のラベルを読むとわかります。成分のところに「界面活性剤○%」と書いてあれば、それは間違いなく合成洗剤です。石けん成分だけでできた洗剤なら、「純石けん分○%」と記載されています。

なかには合成洗剤と石けんをまぜあわせて作った洗剤もありますが、合成洗剤であることに変わりありません。界面活性剤に植物由来の油脂が使われていても、できあがったものが合成洗剤であれば安心ではありません。無香料、無蛍光剤、無漂白剤と「無」のオンパレードでも、ボトルの色が天然っぽいやさしい色であったとしても、合成洗剤は合成洗剤。しっかりすすぐ必要があり、掃除がラクにはなりません。

一方で私は、本当の食品を掃除に使うこともしません。ミカンの皮や大根の切れ端、米ぬかやお茶がら、などなど。確かにこれらでも汚れが落ちるし、食べ物だから手肌にも環境にもやさしい……かもしれません。でも、もともと栄養価の高い食品ですから、成分が残るとそこにカビや雑菌が繁殖します。汚れが落ちたあとに、今度は掃除に使った食品成分を掃除することが必要になります。これでは掃除がラクにならないのです。米ぬか発酵洗剤なども同じです。

どんなにエコで体にやさしくても、手間がかかれば長続きしません。掃除は毎日のこと。手軽に汚れが落とせて、すすぎがラクな洗剤を選びましょう。

ナチュラル洗剤 4つのメリット

1. 汚れに合わせて使うから、手早くキレイに
2. 手肌に触れても安心
3. すすぎがラク
4. 洗剤5つだから経済的

スタメン洗剤はこの5種類のみ！

除菌やアブラ汚れに！

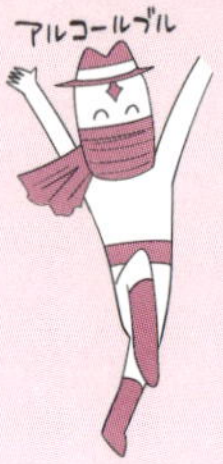

アルコール
（中性）

- 水が使えない場所のアブラ汚れ
- 除菌、カビ予防 皮脂、手アカ

アルカリ性の汚れには！

弱酸性

クエン酸

- 水アカ
- 石けんカス
- アンモニア臭
- 魚やタバコのにおい

「酸性かアルカリ性か」で洗剤を選んでいこう

上にある5種類の洗剤が、私の掃除の不動のレギュラーです。これさえあれば、家じゅうのほとんどの汚れが落とせます。

パート1でお話ししたように、洗剤で落とす汚れの8割以上が酸性の汚れです。アルカリ性の洗剤で中和すればスルリと落とすことができます。軽い汚れには重曹、強い汚れや除菌が必要なときには過炭酸ナトリウム。石けんもアブラ汚れに強いですが、界面活性剤なので水ですすげる場所でしか使いません。そして水アカなどのアルカリ性の汚れには、クエン酸を使います。

つまり、汚れの種類が同じであれば、風呂桶でもガスコンロでもワイ酸性の汚れには！

弱アルカリ性

過炭酸ナトリウム

・排水口や洗濯槽の汚れ
・カビ
・漂白、除菌

重曹

・食品の汚れ
・軽いアブラ汚れ
・皮脂、手アカ
・湯アカ
・茶しぶ
・鍋の焦げつきなど

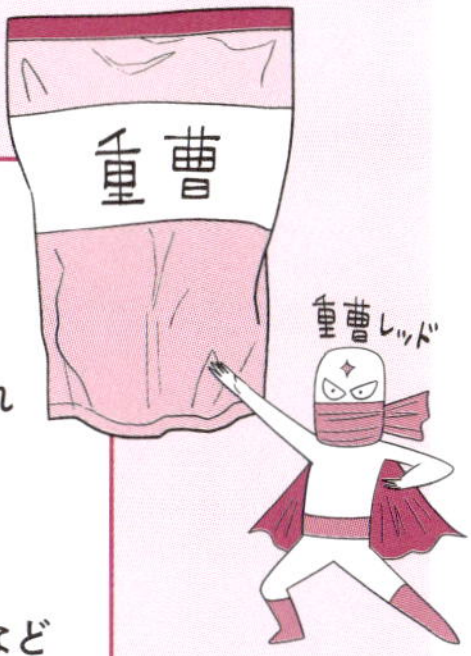

石けん

・食器などの軽いアブラ汚れ
・衣類やふきんの汚れ

シャツの襟でも、同じ洗剤を使うということです。もう『ガラス用洗剤を買い忘れたから窓掃除ができない』という言い訳は使えませんね。

中性洗剤がないけれど使わなくても大丈夫

中性洗剤は酸性の汚れもアルカリ性の汚れも中和してはくれません。では「中性洗剤って何のためにあるの？」と思いますよね。市販の中性洗剤は「中性の合成界面活性剤」のこと。界面活性剤で汚れを落とすので、中性でも汚れが落ちます。酸やアルカリで変色・変質しやすい素材があるため、中性の合成洗剤があるのです。

私のスタメン洗剤の中では、アルコールが中性。中和して汚れを落とすことが目的ではなく、高い除菌効果とアブラをとかす（溶解）効果を期待してのラインナップです。

1

重曹《じゅうそう》

名前は？

➔ 重曹、炭酸水素ナトリウム、重炭酸ソーダ

pH は？

➔ 8.2

液性は？

➔ かなり弱いアルカリ性

家じゅうの酸性の汚れに使える安心安全の洗剤。

粉のままでクレンザーとしてゴシゴシ。

発泡作用でこびりつきをはがす。

アブラ汚れスッキリなのに手肌にやさしい

「はちみつ容器」に移すと使いやすい
重曹
重曹レッド

得意技

- 1％の重曹水なら、軽い酸性汚れをさっと拭きとり、二度拭き不要。
- 粒子が細かく、水にとけにくいのでクレンザーとして使える。
- 重曹水を加熱すれば、発泡作用で茶しぶ、焦げもスッキリ。
- かなり弱いアルカリ性だから、手肌が荒れにくい。

苦手

- カチカチになった水アカを落とすこと。
- アルカリ性の臭気を消すこと。

NG

- 漆器やプラスチックなどのやわらかい素材には、粉末のままで使用しない。傷がつくことも。
- 畳やアルミ製品に重曹水を使うと変色することがある。

性質

◆ かなり弱いアルカリ性で、軽い酸性の汚れなら中和して落とす。
◆ ベーキングパウダーなど食用にも使われる重曹は、安全性が高いことが最大のメリット。入浴剤の材料でもあり、温泉の泉質としても知られる。
◆ 水にとけにくいので、40℃前後のお湯にとかすことが大事。

重曹の力を最大限引き出す使い方

1%の重曹水を作ろう

二度拭き不要！

重曹小さじ5
40℃のお湯（2ℓ）
拭き掃除に使う
重曹クロスを作る
その日のうちに使いきる
重曹小さじ½
40℃のお湯
200mℓ
スプレーボトルに入れる

〈作り方〉
40℃のお湯2ℓに対しては小さじ5、1カップ（200mℓ）に対しては、小さじ½の重曹をとかす。

粉のままでふりかけても掃除機が壊れるだけ

重曹は安全性が高く、さまざまな使い道がある便利な洗剤です。その一方で、いくつかの誤解もあります。たとえば「粉のままカーペットにふりかけ、掃除機で吸いとる」「粉のまま冷蔵庫に入れて消臭」など。粉のままふりかけても汚れは吸着せず、掃除機が壊れる恐れがあります。粉のまま冷蔵庫に入れても、もとの汚れが残っている限りくさいまま。

重曹は水に溶けてはじめてアルカリ性の洗剤として効果を発揮します。粉のままでは、アルカリ性になってないため、洗浄効果はありません。粉のまま威力を発揮するのはクレンザーとして。消臭するなら、重曹水で拭きましょう。

洗面台やバケツにたくさん作って、ぞうきんに含ませるのが◎。重層水の濃度が1％より濃くても汚れがよくとれることはありません。むしろ乾いたときに白い粉が出てきてしまいます。

重曹水で床やコンロの拭き掃除

重曹水に浸してしぼった重曹クロス（マイクロファイバークロスがおすすめ）は、コンロや床などを拭くのに最適。1％濃度だと二度拭き不要だが、それ以上重曹を入れると乾いた重曹が白く浮き出てしまうことも。

粉のままクレンザーとして使う

重曹の粉は水にとけないので、クレンザーとしてシンクの掃除や浴槽の掃除などに使おう。あたたかいお湯が残っているととけることもあり、アルカリ性洗剤になるが、それもまたヨシ。

発泡させて焦げつきをスッキリ

重曹水は加熱すると発泡する性質がある。それを利用して、鍋の焦げつきをとることもできる(→P131)。クエン酸といっしょに使うと発泡がさらに強くなるので排水パイプの掃除に最適。(→P114)

2 クエン酸

名前は？

➔ クエン酸

pH は？

➔ 2.1

液性は？

➔ 酸性

- 水アカなどのアルカリ性の汚れをしっかり落とす。
- アルカリ性の強いにおいのもとになっている汚れを落とす。
- 浴室の小物につく石けんカスを落とす。

水アカを酸のパワーで除去

得意技

・水アカ、石けんカスなどのアルカリ性の汚れを落とす。

・アンモニア臭や焼き魚、タバコのにおいを洗い流す。

・ペットのトイレまわりの掃除。

・石けんで洗濯したときの仕上げに。

苦手

・酸性の汚れ（アブラ汚れなど）を落とすこと。

・酸性の汚れが原因のにおい消し。

NG

・塩素系洗剤とまぜると有毒ガスが発生するので、絶対にまぜないこと。

・カルシウムをとかすので、大理石などの天然石には使用しない。金属についたままだとサビの原因に。

・目に入ると強い痛みがあるので、すぐにすすぐこと。

性質

◆ クエン酸には食酢（穀物酢、ビネガーなど）のような独特のにおいがないので、掃除に使いやすい。

◆ 酸が残ると、べたつきやサビの原因に。すすぎと拭きとりはしっかり。

クエン酸の力を最大限引き出す使い方

1%のクエン酸水を作ろう

〈作り方〉
水１カップ（200mℓ）にクエン酸小さじ½を入れてまぜる。スプレーボトルに移して使う。

週１回を目安に、水まわりの拭き掃除を

水アカや石けんカスの掃除は、こまめに水分を拭きとることが大事。掃除するときはスプレーでクエン酸水を吹きつけ、マイクロファイバークロスなどで拭きとる。ガンコな汚れにはクエン酸水パックを。

粉のままで、こんな使い方も

食洗機の水アカ落としに

食器洗い機にこびりつきやすい水アカ。専用の洗剤が売られているが、クエン酸大さじ1を入れて食器は入れず運転すればキレイに（→P120）。

重曹といっしょにパイプクリーニング

重曹とクエン酸をまぜるとシュワシュワと泡が立つ。この性質を利用して、排水パイプの詰まりを解消（→P114）。

出番は少ないけれど水まわり掃除に必須

正直に言えば、クエン酸の出番はあまり多くありません。アルカリ性の汚れが少ないからです。

アルカリ性の汚れは、浴室の鏡や金属の蛇口についた白い汚れ（水アカ）や、イスや洗面器に付着したザラザラ（石けんカス）。水に含まれるカルシウムやマグネシウムと界面活性剤が原因で、カチカチになったがんこな汚れです。

トイレのアンモニア臭にも酸が効きます。

和式トイレの時代は尿ハネが多く、アンモニア臭を消すために酸性洗剤が使われていました。でも洋式トイレになった今、酸性のトイレ用洗剤が減ってきました。ただし、立って用をたす男性がいる家では、定期的にクエン酸スプレーが必要かもしれません。

3

過炭酸ナトリウム

名前は？

→ 過炭酸ナトリウム、過炭酸ソーダ、酸素系漂白剤

pH は？

→ 10 ～ 11

液性は？

→ 弱アルカリ性

- カビや雑菌をやっつけて除菌。
- 発泡力を利用して、洗濯機や排水口の汚れ落とし。
- ギトギトのアブラ汚れにも効果大。

つけておくだけで洗浄・除菌・漂白ができる

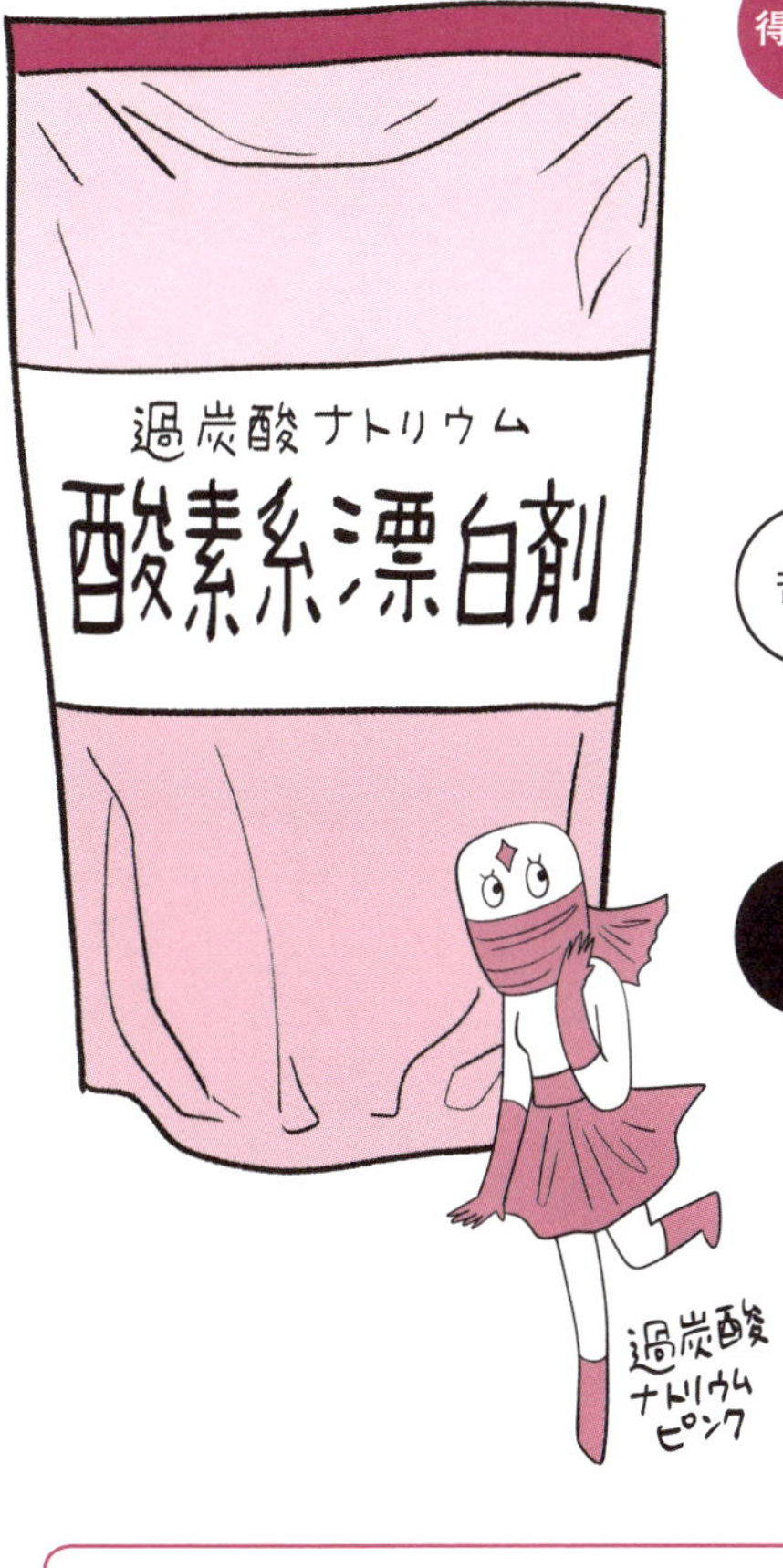

得意技

- 食器やふきんなどの漂白。
- 洗濯物の除菌やにおいの除去。
- 排水口や洗濯機などの掃除。
- ギトギトのアブラ汚れ落とし。
- 鍋の焦げつき落とし。

苦手

- ウールやシルク、色落ちしやすい布製品の漂白。
- 畳やアルミの掃除。

NG

- 草木染めやウールなどの素材には使えない。
- アルカリが強いので手荒れしやすい。ゴム手袋などを着用する。目などに入ったらすぐに水で洗い流す。

性質

◆ 炭酸ナトリウム（炭酸ソーダ）と過酸化水素を2対3でまぜあわせたもの。アルカリが強いので、酸性の汚れを落とす力が強い。

◆ 一般的に「酸素系漂白剤」として売られている。酸化する力が強いので、除菌や消臭にも役立つ。洗濯のシミ抜きにも活躍。

過炭酸ナトリウムの力を最大限引き出す使い方

60℃のお湯にとかして使おう

ティーポットや
茶碗の茶しぶ落とし
ふきんの漂白
水筒の除菌・漂白
ギトギトのアブラ汚れの
つけおきに
ほ乳瓶の殺菌
200
150
100
50
過炭酸ナトリウムをとかした
60℃のお湯

〈作り方〉

60℃のお湯２ℓを入れたバケツに、過炭酸ナトリウム小さじ１をとかし、ふきんや食器などをつける。

洗濯槽の汚れとり

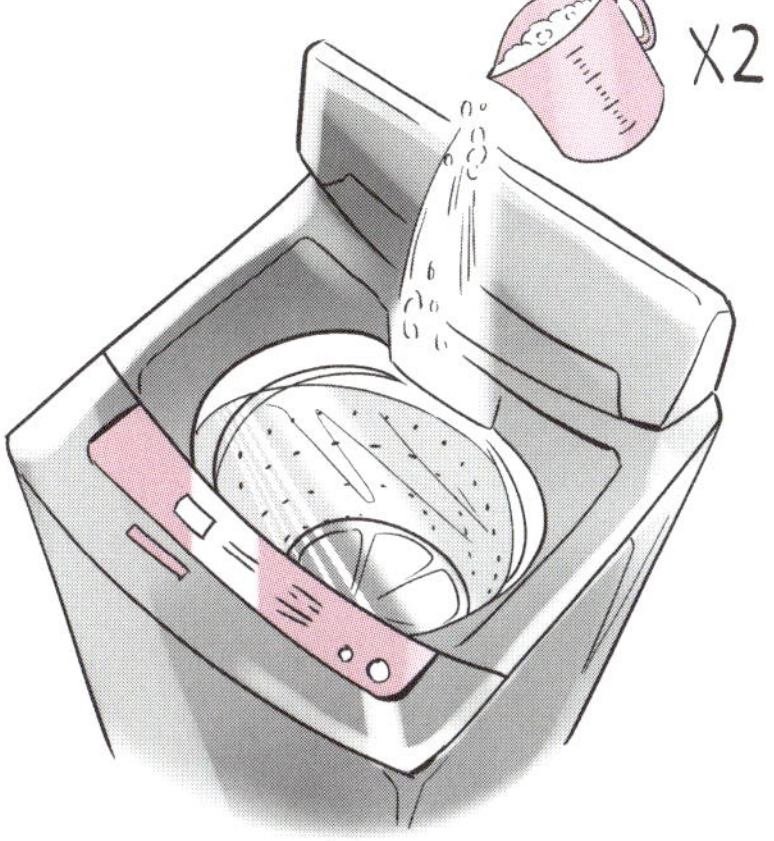

洗濯槽に60℃のお湯をいっぱいにためてカップ2の過炭酸ナトリウムをとかし、洗濯機を回すと汚れが浮き上がってくる（→P160）。

排水口もスッキリ

排水口をふさいで、熱湯を注いで過炭酸ナトリウムを入れ放置しておくだけで、びっくりするほどキレイに！（→P112）

「酸素系漂白剤」だけど衣類の漂白以外に大活躍

過炭酸ナトリウムを知らなくても、酸素系漂白剤という名前には聞き覚えがあるはず。この2つは同じものです。「漂白剤」という名前から、衣類の漂白にしか使わないイメージがあるかもしれませんが、アブラ汚れに強く、除菌力も漂白力もある、非常にすぐれた洗剤なのです。

おすすめは、60℃のお湯でのつけおき洗いです。水筒や茶碗、ざるの汚れなどもキレイに落ちます。シンクの排水口をせき止めて（→P109）給湯器の最高温度でお湯をためれば、換気扇や五徳などのギトギトなアブラ汚れのつけおきにぴったり。さらにシンク内もピカピカになって一石二鳥。

注意したいのは耐熱温度。プラスチック製品などはとくに確認が必要です。また、アルカリ度が高いので、すすぎは丁寧にしましょう。

4 アルコール

名前は？
→消毒用エタノール、エチルアルコール

pHは？
→7

液性は？
→中性

- 除菌に大活躍。食卓や調理台にシュッとスプレー。
- アブラ汚れをとかして落とす。ベトベト汚れに最適。
- 揮発性が高いから、水が使いにくい場所の掃除にも。

水分厳禁の場所にもアブラ汚れにも大活躍

得意技

- カビが生えやすい場所の掃除。
- アルコールにはアブラの溶解作用があるので、アブラ汚れに強い。
- 水分が故障の原因になる、電化製品やコンセントなどの拭き掃除。
- ハッカ油などの香りをまぜてオリジナル洗剤作りもできる。

苦手

- ニスやワックスを塗装した家具への使用。
- 衣類の汚れ落としなどの洗濯。
- 広い範囲の拭き掃除。

NG

- 引火性があるので、火のそばで使うのは危険。
- 揮発性が高いので、使用するときは換気を。
- 手の皮脂も奪うので、ゴム手袋などを着用。

性質

◆ 水分をほとんど含まない無水エタノールと、薬局などで一般的に売られている消毒用エタノール（アルコール分80%程度）がある。比較的安価な消毒用が掃除にはおすすめ。

◆ 揮発性がありスプレーしてもあとに残らず、二度拭き不要。

アルコールの力を最大限引き出す使い方

＼二度拭き不要！　必ず作る！／

35％のアルコール水を作ろう

〈作り方〉
水 110mℓに消毒用エタノール（アルコール分 80％程度）90mℓを入れて、合計 200mℓになるようにする。

スプレーボトルの選び方

アルコール水は劣化しにくいので、スプレーボトルで使うのが便利。ただし、溶解作用が高いためにプラスチックボトルを傷める可能性がある。ボトルを購入するときは「アルコール使用可」と表記されているものを。また、アルコール水を作るときも、先にアルコールの原液を入れると容器が傷むので、水を先に入れてからまぜてボトルに移す。

アルコール水 使い方あれこれ

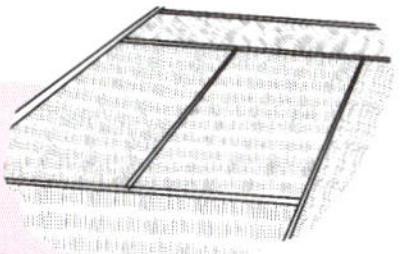

畳・じゅうたん

水拭きできないものを清潔にしたいときに。

食器や調理台

食品を扱う場所の除菌とアブラ汚れの除去に。

押し入れ・クローゼット

湿気を入れたくない場所の掃除とカビ予防に。

電化製品など

電化製品に水けは禁物。アルコールの出番。

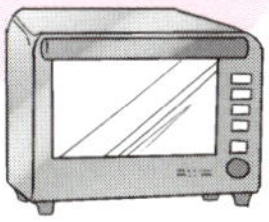

直接スプレーするのではなく、布やペーパーにスプレーしたもので拭く。

カビ・雑菌&アブラ汚れを同時にシャットアウト

重曹やクエン酸に比べて注目度が低めに思えるアルコールですが、実は超便利！ 医療現場で使われている消毒薬ですから、除菌や防カビなどの効果はもちろん高く、安全性にも信頼がおけます。アルコールはアブラを溶解する作用があるのでアブラ汚れ掃除にも出番が多いのです。

スプレーボトルに入れて保存できるので、家のあちこちに置いておくことも。揮発性が高いので、水けを嫌う押し入れや畳などにも使えます。アルコールが残ることもないので、二度拭きいらず。

使うときは35%濃度のアルコール水にして使います。これより濃度が低いと効果がなくなるし、濃度が高いと家具や電化製品の塗装やコーティングを傷めてしまう可能性があるのです。原液をかけたらワックスがとけた！という人も。

5

石けん

泡でアブラ汚れを落とす唯一のナチュラル洗剤。

衣類や食器など、水ですすげる〝洗いもの〟に使う。

名前は？

→ 石けん（原材料名は脂肪酸ナトリウム／脂肪酸カリウム）

pH は？

→ 8〜10

液性は？

→ 弱アルカリ性

シンプルな原料で作られた 分解しやすい界面活性剤

得意技

・食器洗い。

・衣類やふきんについた汚れを落とす。

苦手

・酸性の汚れが残った食器や衣類を洗うこと。

NG

・石けんは油脂でできているので、きちんと洗い流さないと、カビや雑菌の栄養源になる。

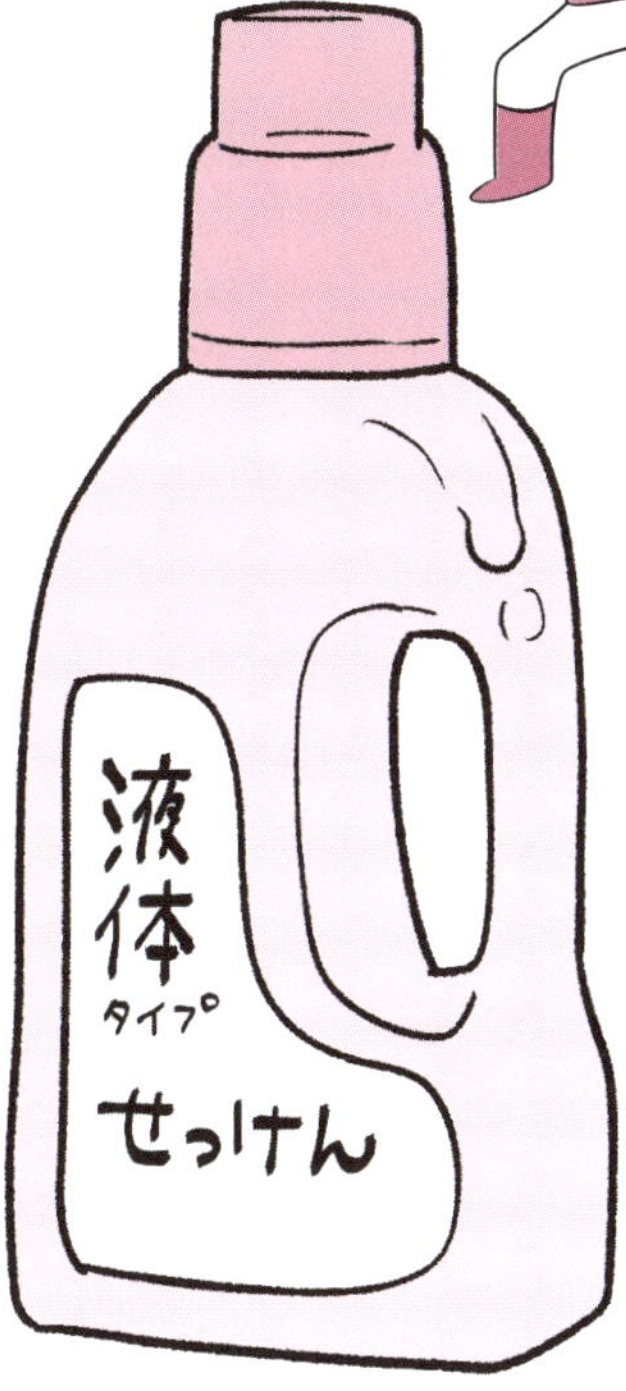

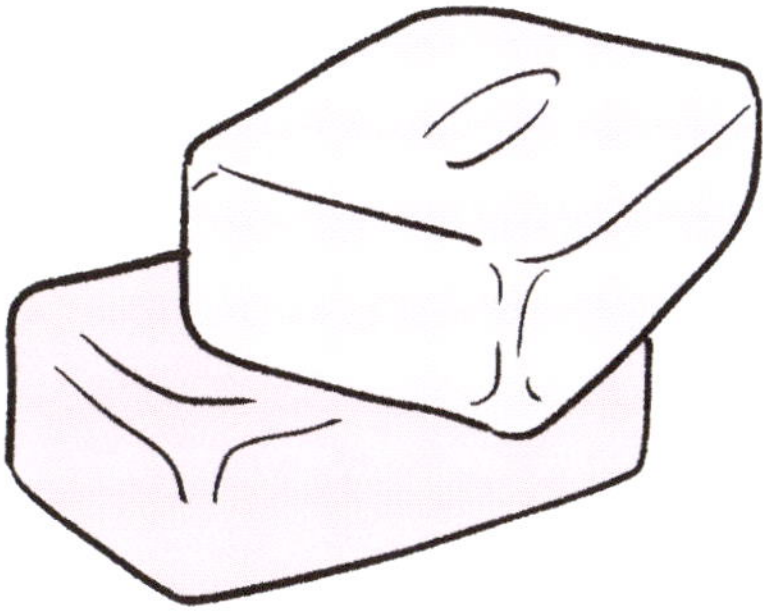

性質

◆ 5000年以上の歴史がある界面活性剤。天然の油脂とアルカリというシンプルな原材料なので、分解しやすく、自然に返るのが早い。

◆ ミネラル分と結合すると、石けんカスになってこびりつく。

◆ 弱アルカリ性で、手肌にもやさしい。

石けんの力を最大限引き出す使い方

水でしっかりすすげるものを洗おう

衣類

洗濯機で使う場合には
液体石けんがおすすめ。

ふきん

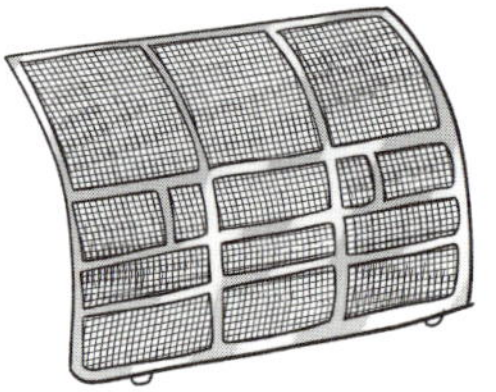

エアコンフィルター

アブラ汚れが強いので、はずして石けんでしっかり洗い流す。

食器

洗う前に汚れを拭きとって。

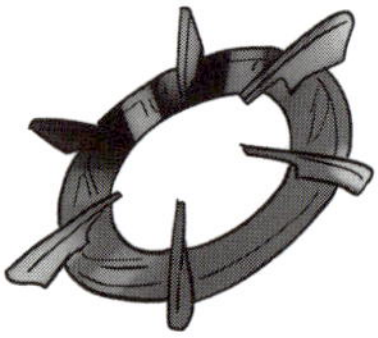

五徳などのつけおき

過炭酸ナトリウムと併用すればさらに効果大。

洗浄成分が残ると、新たな汚れの原因になる！

石けんの使いこなしポイント

1 酸性の汚れは先にとり除く

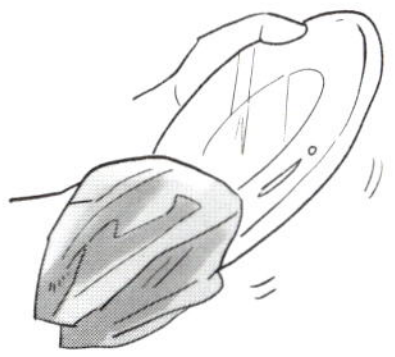

石けんはアルカリ性なので、酸が付着すると中和されて洗浄成分が失われる。酢やレモン、ドレッシングなど酸味のある食品は先に拭きとり、お湯で流してから重曹をとかした湯（→P 50）につけておく。

2 40℃前後のお湯で洗おう

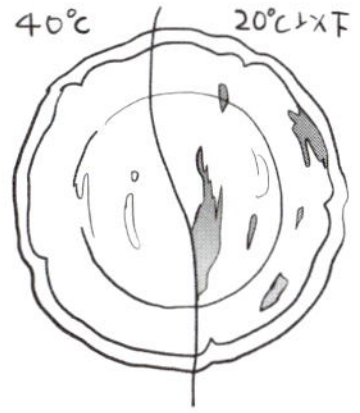

アブラ汚れは温度が高いほどよく落ちる。石けんの洗浄力もアップして効果的に使える。

3 泡が立つ濃度で使おう

石けんの泡が汚れを包み込むので、しっかり泡立てて、泡ごと一気に流すことが大事。泡が消えると汚れがもとに戻ってしまい、食器や衣類に再付着する。

上手に使えば合成洗剤に負けない洗浄力を発揮

ナチュラル洗剤の代表のようにいわれる石けんですが、使うのは基本、食器洗いと洗濯です。ほかにも、とりはずして洗い流せるコンロの五徳や、エアコンフィルターなどを洗うのに便利。ただし、泡の立つ洗剤で床などを拭くのはおすすめできません。洗剤の成分が栄養源となってカビや雑菌が繁殖するので、しっかりすすぎ、拭きとる必要が生じてしまいます。

石けんと合成洗剤の見分け方は簡単です。パッケージの表に「石けん」と表示されていれば、それは石けん。原材料名もチェックしましょう。脂肪酸ナトリウム（カリウム）と書かれていれば、石けんです。「純石けん〇％」とも表記されていますが、割合が多ければより自然派というわけではなく、単なる石けん成分の割合です。

必要そうだけど使わない3つの洗剤、その理由

セスキ炭酸ソーダ

アルカリ強めで便利だけど二度拭きは必要

数年前から大人気のセスキは、ナチュラル洗剤のひとつ。重曹よりアルカリが強いので汚れ落ちはいいけれど、そのぶん手肌が荒れやすく、二度拭きやすすぎも必要。ベトベトのアブラ汚れに使ってもいいが、過炭酸ナトリウムなら除菌や漂白もできる。水しか使えない屋外でアブラ汚れを洗う洗車やキャンプ場では活躍するかも。

塩素系漂白剤

人体への影響が心配な洗剤
除菌には酸素系漂白剤を

塩素のガスを吸うと、非常に危険。赤ちゃんや高齢者、ペットがいるならとくに注意。高アルカリ性のものが多いので手肌につかないよう目に入らないよう気をつける。除菌や漂白には酸素系漂白剤（過炭酸ナトリウム）を使うといいが、黒カビの黒い色は消えないためどうしても使いたい場合には、揮発しにくいチューブ式のものを。

クレンザー

重曹の粉で代用できるので
別に用意する必要ナシ

研磨剤でガンコな汚れを物理的にとり除くクレンザー。多くの製品は研磨剤のほかに合成界面活性剤が含まれた合成洗剤。重曹の粉は水にとけにくい性質があるので、粉のまま研磨剤として使え、安全性が高いので、あえてクレンザーを用意する必要はない。

不得意一覧表

	重曹	クエン酸	過炭酸ナトリウム	アルコール	石けん
	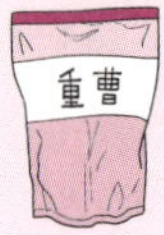				
液性	かなり弱い アルカリ性	酸性	弱 アルカリ性	中性	弱 アルカリ性
pH	8.2	2.1	10〜11	7	9〜10
水へのとけやすさ	×（湯なら○）	○	△	○	△（湯なら○）
いちばん効果を発揮する温度	40℃前後	とくになし	60℃	とくになし	40℃前後
研磨	○	×	×	×	×
消臭（においの原因）	△（酸性）	△（アルカリ性）	△（雑菌・酸性）	△（雑菌）	△（酸性）
除菌	×	×	○	○	×
漂白	×	×	○	×	×
スプレー水にしての使用期間	1日	2〜3週間	－	3カ月	－
粉（原液）のままの使用期限	期限はとくにない（過炭酸ナトリウムは月に1回くらい開封する〈→P218〉）				

5つの洗剤の得意・

	重曹	クエン酸	過炭酸ナトリウム	アルコール	石けん
ホコリ・チリ	×	×	×	×	×
アブラ汚れ	○	×	○	○	○
水アカ	×	○	×	×	×
カビ・雑菌	×	×	○	○	×
ガスコンロ・IHコンロ	○	×	○	○	○（五徳）
排水口	○	×	○	×	○
冷蔵庫・電子レンジ	○	△（製氷ルート）	×	○	×
換機扇フード	○	×	○（アルミ製品不可）	△	×
浴室	○	○（鏡・プラ製品）	○（小物・風呂がま）	×	△
洗面台	○	○	×	○（鏡）	×
トイレ	○	○	○（輪ジミ）	○	×
押し入れ・クローゼット・靴箱	×	×	×	○	×
フローリング	○	×	×	○	×
畳・じゅうたん	×	×	×	○	×

PART 3

洗剤が減らせる！ラクちんキレイな掃除のコツ

究極のナチュラルクリーニングは？
と聞かれたら、私はこう答えるでしょう。
洗剤を使わない掃除です、と。
ホコリがフワフワなうちに
ワイパーですっと拭きとってしまう。
アブラが飛び散った直後なら水拭きで大丈夫。
漂白剤につけるより天日干し。
いえいえ、それ以上に
カビや菌が繁殖できない家、
大掃除なんていらない家にすることが
究極のナチュラルクリーニング、そして
掃除をラクにする最大のコツなのです。

掃除ギライさんこそちょこちょこ掃除グセを

掃除にかかる時間を正確に計ったことがありますか？

掃除をラクにするためには、毎日掃除をすることが大切です。

……などと私が言うと、「そんなの無理！」「全然ラクじゃない！」「本橋さんが掃除好きだからできるのよ」などと叱られそうです。でも、ちょっと待って。前にも書きましたが、私は大の掃除ギライ。掃除に時間も手間もかけたくない人間です。

そんな私が長く「働く主婦」をして得た結論は、短時間のちょこちょこ掃除を積み上げることこそ、もっともラクで時間をかけない掃除法ということです。

私が必ず毎日やっているのは、トイレと玄関の掃除です。やり方はパート6で説明しますが、かかる時間は3分ずつです。もちろん「しばらくぶりの掃除」という場合は3分では終わりませんが、毎日やればたったの3分で終了です。

ほかに必ず毎日やるのは、ハンディワイパー片手に「ホコリはおらんかな〜？」とパトロールすること。これも3分。あとは「本日最後にお風呂から出る人」になったときに、浴室全体をシャワーで流し、スクイージーで水けを拭きとること。これも3分。わが家はこの3分の積み重ねの結果、大掃除が不要になりました。

みなさんも、掃除にかかる時間を正確に計ってみませんか？　家じゅうキレイにしようと思ったら、それこそ何時間もかかりますが、場所を小さく分けて計ってみると意外に時間はかかっていません。5分で終わる掃除はこれ、10分はこれ、15分はこれとリスト化すると、「出かけるまでに10分あるから、トイレとシンクの掃除をしてしまおう」と考えることができますよね。日々のすき間時間に小さな分単位の掃除を組み込めるようになれば、生活はとてもスムーズに回っていくのです。

5分以内でできる掃除例

- リビングの掃除機かけ
- トイレの便器と床の掃除
- 玄関の掃除機かけと水拭き
- 洗面台のこすり洗いとから拭き
- シンクと排水口の掃除
- バスタブの掃除
- 室内のホコリとり

など

コツ 1

アブラ汚れには あたたかいを利用する

理由は？

◆ アブラ汚れは温度が高いほうが落ちやすいので、水よりお湯。

◆ 気温が高いだけで、こびりついた汚れがゆるんでくる。

GW《ゴールデンウィーク》大掃除のすすめ

掃除に使った道具が
乾きやすい。
気温が高くなり、
アブラ汚れが落ちやすい。
掃除後の衣類の
洗濯もラク。
ベランダ掃除や窓拭きを
するのにもってこい。
梅雨に入る前に除菌することで、
夏のカビや雑菌の増殖をおさえられる。
水温が上がり水仕
事がつらくない。

早めにお湯で拭きとれば洗剤がなくてもサッパリ

肉の脂がついたフライパンを洗うとき、水とお湯どちらを使いますか？　お湯ですよね。それは、壁や窓や洋服だって同じこと。アブラ汚れはすべて、お湯のほうが落としやすいのです。換気扇のつけおき洗いもお湯がいいです。キッチンの壁や天井、手アカがついた窓ガラスもお湯でしぼったクロスで拭けば、すばやくキレイになります。

「あたたかさ」は気温にもいえます。空気が冷たいとアブラ汚れはガッチリかたまって落ちにくくなるのです。たくさん洗剤を使い、熱いお湯で掃除をすると落ちるかもしれませんが、手肌の皮脂も奪われますし時間もかかります。

大掃除のおすすめは初夏から夏、とくにゴールデンウイークです。梅雨前だと汚れに雑菌が繁殖せず、カビ予防にもなります。

コツ
2

「時間」は洗剤の一部。すぐにやる。じっくり待つ

理由は？

◆ アブラ汚れはついた直後に拭きとれば、すぐにキレイに。

◆ 時間がたった汚れは、洗剤でパックやつけおきをすればスルリと落ちる。

ガンコな汚れの対処法

洗剤パック

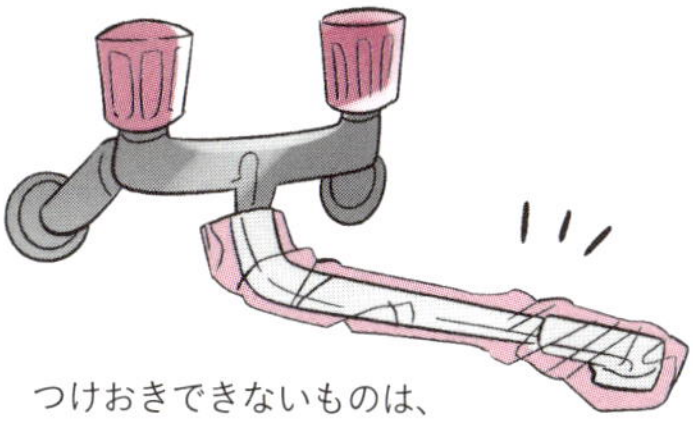

つけおきできないものは、洗剤をしみこませたキッチンペーパーでパック。

つけおき洗い

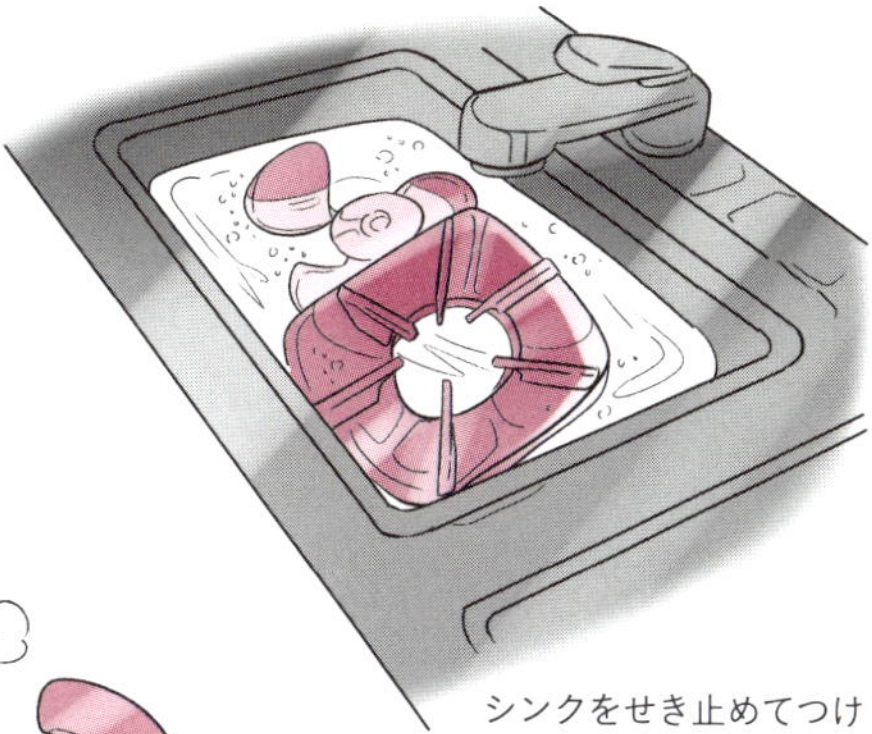

シンクをせき止めてつけおきすると、シンクまでピカピカ。

煮洗い

重曹と水を入れて煮ると鍋の焦げつきが重曹の発泡力ではがれる。

アブラが酸化して ギトギトになる前に

キッチンまわりをはじめ、さまざまな場所についているアブラ汚れ。放置すればするほど拭きとることが難しくなるものです。まず大事なことは、アブラが飛んだ直後に拭きとること。この段階なら洗剤いらず。もしくは重曹水でOKです。

問題は放置した場合。時間とともにアブラは酸化し、ホコリとまじりあってベタベタ汚れに変化します。コンロやグリルの汚れは、再加熱すると焦げつき汚れに変化します。もう、拭いても簡単には落ちません。

ここで「もっと強力な洗剤でないと！」とむやみに洗剤の強度を上げるのではなく、時間に頼りましょう。洗剤をしみこませたキッチンペーパーでパックしたり、洗剤につけおきしたり。しばらく待つ間に洗剤が汚れに浸透して、おもしろいほどスルリと落ちるのです。

コツ
3

ワイパーで毎日ホコリパトロールを

理由は？

◆家の中でもっとも多い汚れだから、たまりやすい。

◆放置するとアブラ汚れとまじってベトベト汚れに変化。

◆新鮮なホコリはワイパーでさっととれる。

本橋家のホコリパトロール隊！

充電式掃除機刑事
階段掃除に欠かせません。
ハンディワイパー巡査
ここにホコリがたまる！
ロボット掃除機部長
床は全面的におまかせ。

ホコリは「いい子」のうちに対処しよう

ホコリは基本、いい子です。掃除機やハンディワイパーで物理的にとり除けば、洗剤なしでスッキリです。

しかし、ほったらかすとグレて、悪い仲間とつるみます。それが空気中のアブラや湿気。アブラとまじると家具や壁にこびりつくし、湿気がこもるとカビや雑菌が繁殖して、室内のイヤなにおいの原因に。洗剤ナシでは落ちなくなってしまうのです。

ですから、ホコリ対策はできれば毎日。「毎日、掃除機をかけています」という人でも、忘れがちなのが高い場所です。使い捨てのハンディワイパーで、棚やエアコン、照明器具や手すり、カーテンレールやドアの上をさっと拭きとりましょう。とくに幅木《はばき》（壁の床上数センチの場所にある小さな段）は、ホコリとアブラがまじりやすい場所。ワイパーで拭いておくと掃除がラクです。

コツ 4

掃除は上から下へ 奥から手前へ

理由は？

◆ 壁や天井を掃除すると、ホコリや汚れが床に落ちる。床は最後に。

◆ 拭き掃除などは部屋の奥から始めると、拭いた部分を踏まずにすむ。

利き手側から掃除しよう

右利きなら……
クロスは体の外側から
内側へ
小指を外側にして
しっかり力が入る

大掃除のときには順番を考えてスタート

室内掃除をするときは「上から下へ」が大原則。ホコリは上から下に落ちるので、天井、棚や壁、最後に床掃除をすると効率的です。また、上のほうは汚れが少ないので、掃除道具をこまめに洗わずにすみます。

「奥から手前」は、床の拭き掃除や掃除機かけのルールです。部屋のいちばん奥からスタートすれば、掃除が終わった床を踏まずに部屋から出られますよね。また、掃除機を動かす場合にも奥から手前に引くように動かすと、力がうまくかかります。

拭き掃除をする場合には、右利きの人は「右から左へ」、左利きの人は「左から右へ」と手を動かすクセをつけましょう。体の外側から内側に向かって腕を動かすと、効率的に力が入るのです。ですから、窓の拭き掃除をする場合、右利きの人はいちばん右側の窓からスタートしましょう。

コツ 5

除菌は洗剤に頼らない。日光と熱湯で消毒を

理由は？

◆ 菌を殺す洗剤は強力。使わないに越したことはない。

◆ 日光に1時間あてるだけ。熱湯なら5分で消毒完了。

たとえば、本橋家のまな板は

ちょっと小さめ
食洗機に入るサイズ。
XS
M
L
4枚ある
肉や魚を切ったらすぐ食洗機へ。
穴がある
ぶら下げて乾燥させるため。
しっかりした材質
熱や日光にも強く、たわみにくい。

多くの中性洗剤は除菌効果がありません

「洗剤を使わず除菌できますか？」と質問されることがあります。一般的な中性洗剤（合成洗剤）の多くは除菌効果がないどころか、しっかりすすがないと洗剤が雑菌のエサになります。除菌効果の高い洗剤を使う方法もありますが、効果が高いほど、毒性も増します。洗剤なしで除菌できるなら、そのほうが体にも環境にもやさしいはず。

使ったあとに、できるだけ早く、しっかり乾かすことで雑菌の繁殖を予防できます。日光にあてれば、1時間程度で雑菌がゼロになるという調査結果もあるのです。

熱湯消毒は5分も煮沸すれば雑菌ゼロです。面倒なら、食洗機を使いましょう。キッチングッズを選ぶ時点で、熱に強く、乾きやすいものを選ぶことも大切。

コツ
6

水まわりの道具は
じか置きしない

理由は？

◆カビの掃除をするより、
カビの生えない環境をつくるほうがラク。

◆道具と水分の接触を
少しでも少なくすることでカビ予防。

本橋家のぶら下がり健康法

シンクの上に
バーをとりつけました

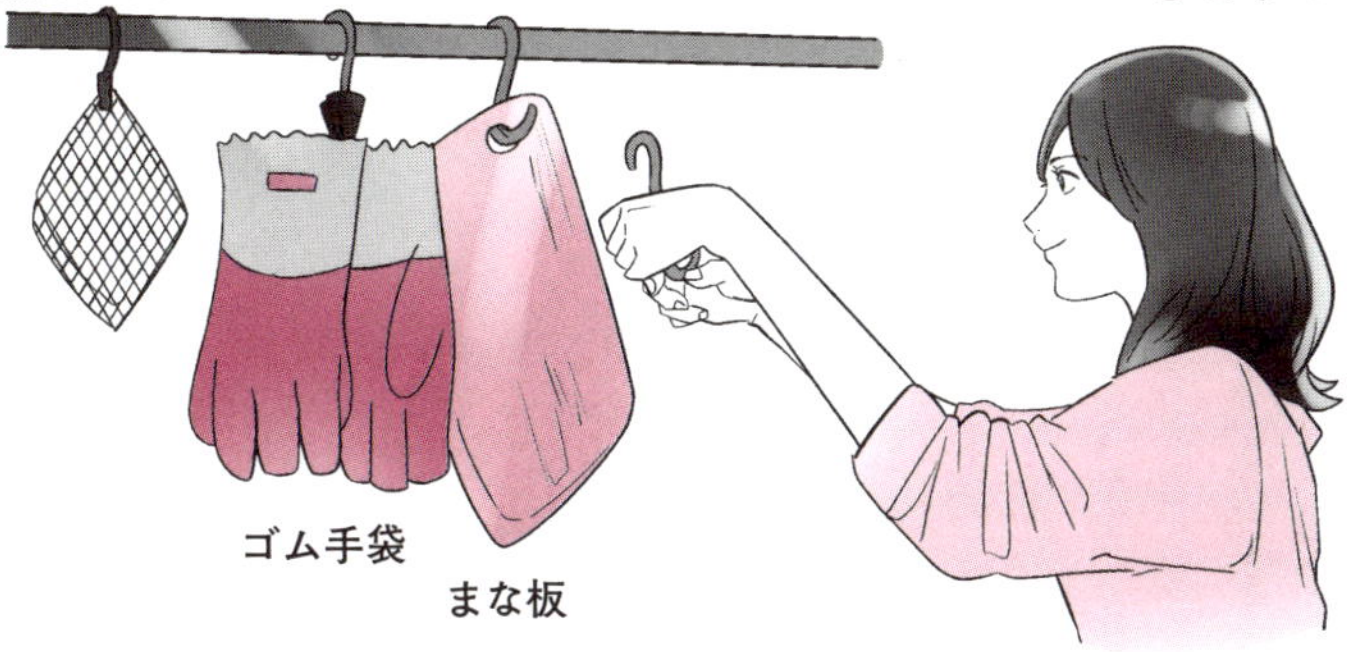
食器洗い用メッシュクロス
ゴム手袋
まな板

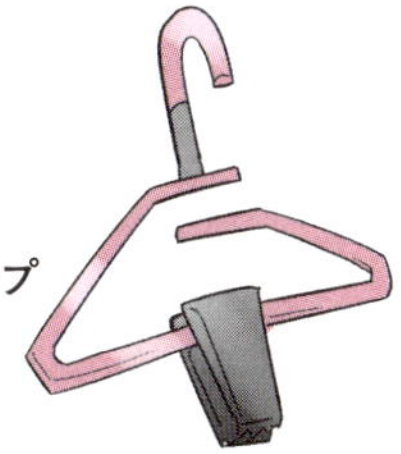
メモクリップ

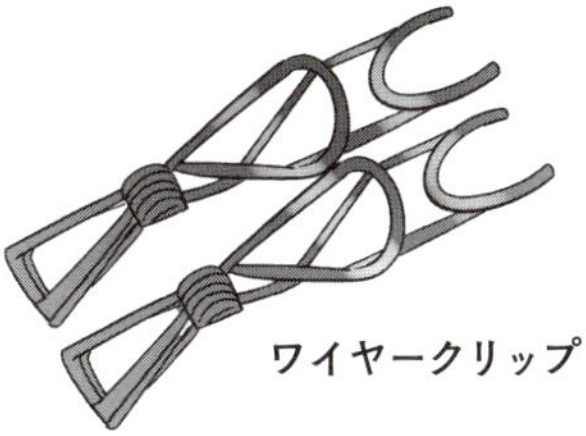
ワイヤークリップ

ぶら下げられる道具を選んで購入

わが家のキッチンには、さまざまなものがぶら下がっています。まな板も、食器洗い用メッシュクロスも、ゴム手袋も。すべてしっかり乾かしてから、引き出しに片づけます。

よく見かける「洗剤とスポンジをのせるラック」はありません。あの場所にあるものを完全に乾燥させるのは至難の業です。いつまでも湿っているスポンジ類は、雑菌の温床。2週間でトイレ用スポンジと同じくらい雑菌が増えるというデータも。

同じ理由で、わが家の浴室にはモノがほとんど置かれていません。シャンプーなどは、使う人が持って入り、使い終わったら水分を拭きとって片づけます。洗面器や手桶は、フックで引っかけられるように穴のついたものを選びます。

カビの掃除がキライな人は、カビが育たない環境をつくりましょう。

コツ 7

掃除道具を選ぶ基準は洗いやすさと乾きやすさ

理由は？

◆ 水分が残ると雑菌の巣窟になりやすい。

◆ 雑菌が残った状態の道具は、もはや掃除道具ではない。

本橋家で使わなくなった掃除道具

食器洗いスポンジ

乾きにくい！　排水口掃除にときどき使用するのみ。

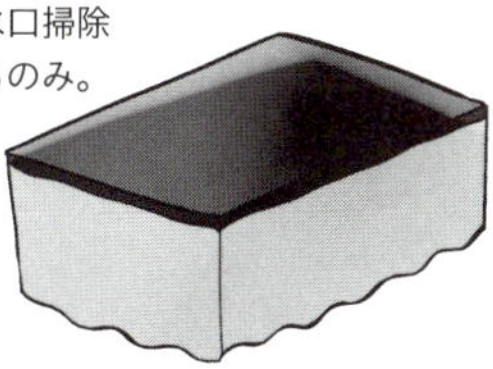

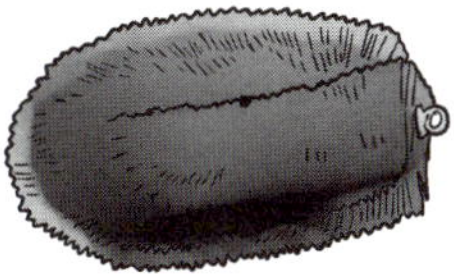

たわし

乾きにくい！

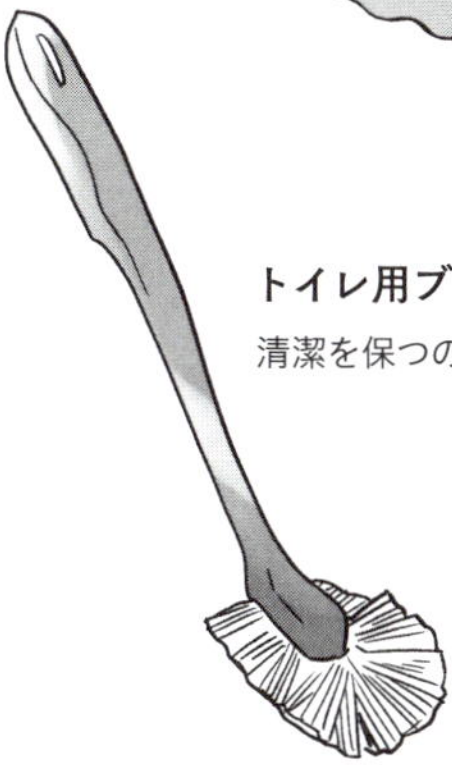

トイレ用ブラシ

清潔を保つのが難しい。

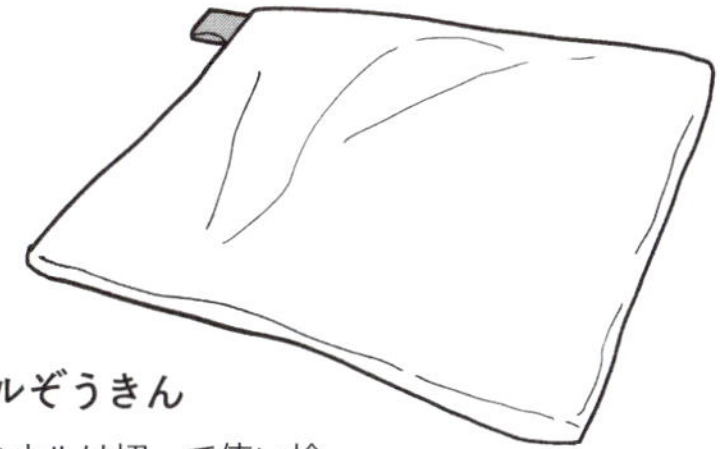

タオルぞうきん

古いタオルは切って使い捨てに。

掃除道具は その日のうちに完全に乾かす

小学生の頃、学校の掃除はタオルを縫ったぞうきんを使いました。水洗いしても汚れは落ちず、しぼりもゆるく、干すのは机のわきのフック……くさくなって当然です。

しかし、掃除道具がくさくていいはずがありません。においの原因は雑菌ですから、掃除すればするほど菌を広げてしまうことになるのです。掃除道具だからこそ、清潔を保つことが大切です。

そしてもちろん、効率よく汚れを落としてくれる機能があることも重要なポイントになります。ナチュラルクリーニングは強すぎる洗剤や合成洗剤を極力使いませんから、汚れ落ちをサポートしてくれる道具は欠かせません。

次のページから、私が愛用している掃除道具をご紹介。便利な上に清潔を保ちやすいものばかりです。

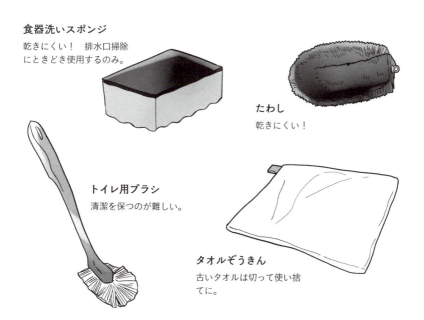

おすすめの掃除道具15選

極細繊維で汚れをキャッチ

1 マイクロファイバークロス

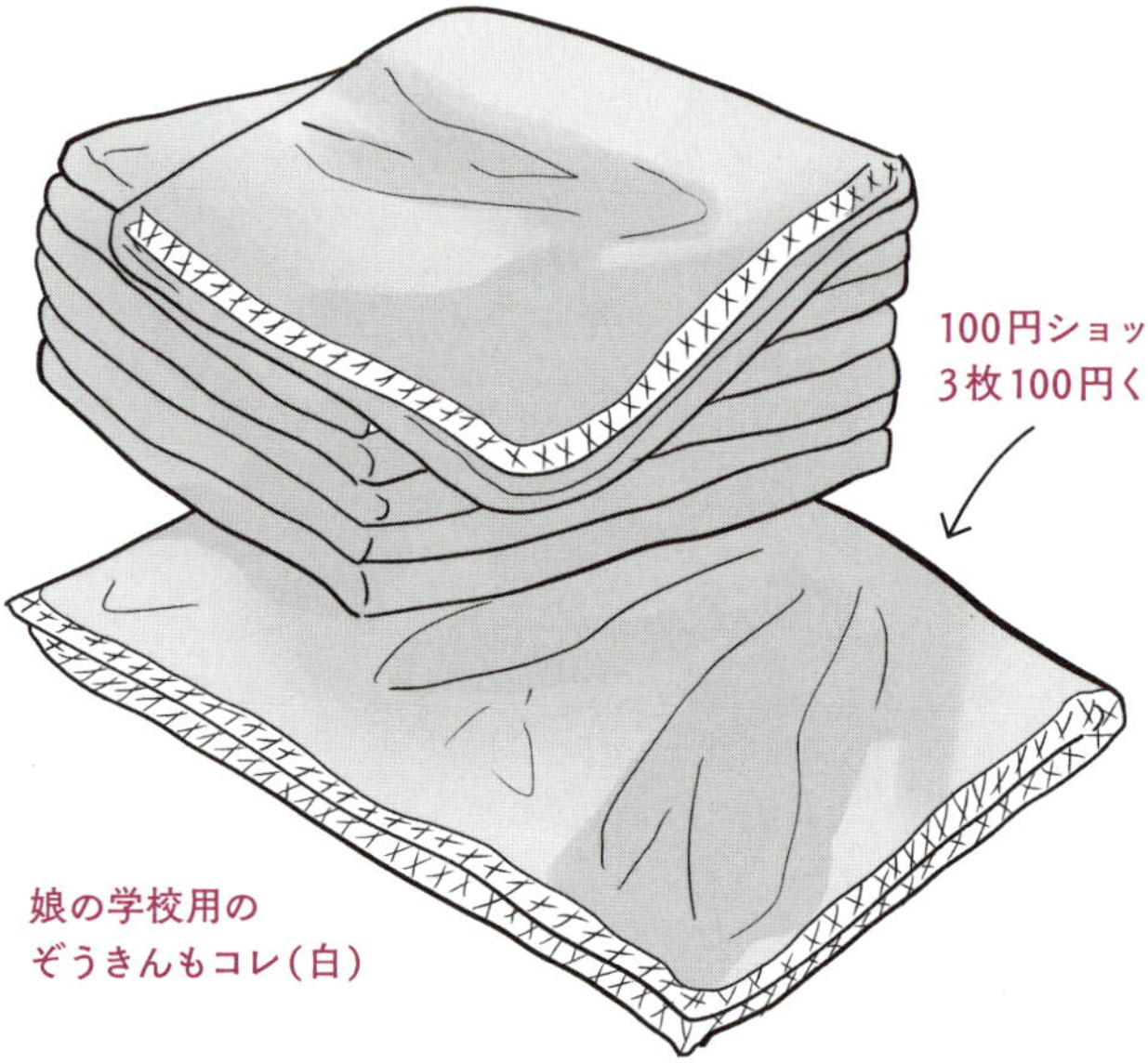

100円ショップなどで
3枚100円くらい
娘の学校用の
ぞうきんもコレ(白)

髪の毛の100分の1ともいわれる極細の化学繊維なので、水だけで細かいゴミや汚れもキレイにとれる。乾燥しやすく、清潔を保ちやすいというメリットもある。安価なので20枚くらい用意して、大掃除のときには重曹水に浸してしぼった「重曹クロス」をたくさん準備する。一気に拭いたあとは、洗濯機でまとめて洗って、すぐに干そう。

注意点

・ホコリやギトギトのアブラを拭いてしまうと、洗うのが大変。先にペーパーや使い捨ての布などで汚れをとり、仕上げに使おう。
・熱湯消毒には向かない。

毎日のホコリ掃除の相棒に

2

ハンディワイパー

高いところの
ホコリには
柄の長いワイパーを

ホコリをこまめに掃除するのに欠かせないハンディワイパー。家具や電化製品、狭いすき間のホコリをサッととるのに超便利。シートの静電気の力で、一度ついたホコリは吸着したまま離れない。シートがキレイなうちは高いところ、ホコリの少ないところを、汚れてきたら床などの掃除をしてから捨てるといい。

注意点

・アブラ汚れがまじったホコリには不向き。

洗剤はサッと使えるボトルに

3 スプレーボトル

アルコール水、
クエン酸水、
重層水を

4 はちみつボトル

粉末の洗剤はこれに。
液体石けんを入れて使
うのにも便利

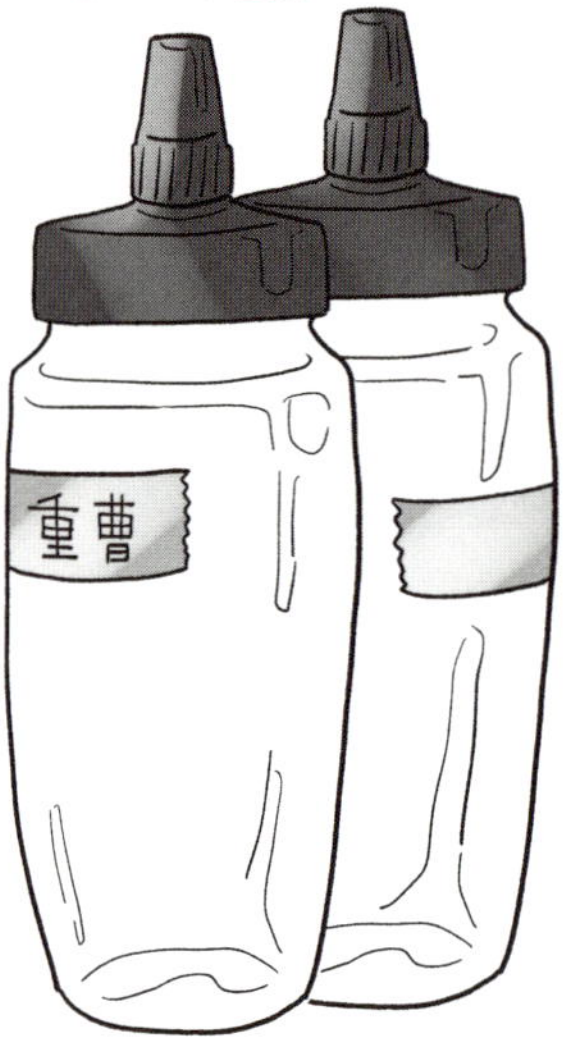

手を汚さずに粉を
サッととり出せ、
目詰まりもしない

ナチュラル洗剤は、サッと使えるように
ボトルに入れて準備しておきたいもの。
瓶や袋のままだと湿気ってかたまりやす
いので、粉の洗剤はまずはちみつボトル
に小分け。さらに、液体の洗剤として吹
きかけて使う場合には溶液を作ってスプ
レーボトルに入れる。

注意点

- アルコールはボトルをとかす可能性があるので、アルコール使用可のスプレーボトルに。
- 重曹水は日持ちしないので、スプレーのまま置いておくのは不可。

「先が斜め」を選ぼう

ブラシ　5

浴室や玄関などの床をこするブラシと、狭い部分の汚れをかきだす細いブラシの2本を用意しよう。スポンジタイプではなく、乾きやすく、力が入れやすいものを。

細ブラシ

ハブラシではダメ
汚れに届かない！

ブラシの先が斜めに
飛び出しているものを

浴室ブラシ

柄が短い浴室ブラシは、
力が入りやすく便利

外専用ノズルをつけて

紙パック式掃除機　6

ほうきを使いがちな玄関やベランダ掃除だが、砂ボコリを舞い上げないためには掃除機が便利。砂や泥を吸うので、紙パック式なら掃除機の手入れがラク。掃除機のノズルだけ100円ショップなどで購入して、玄関専用やベランダ専用に。

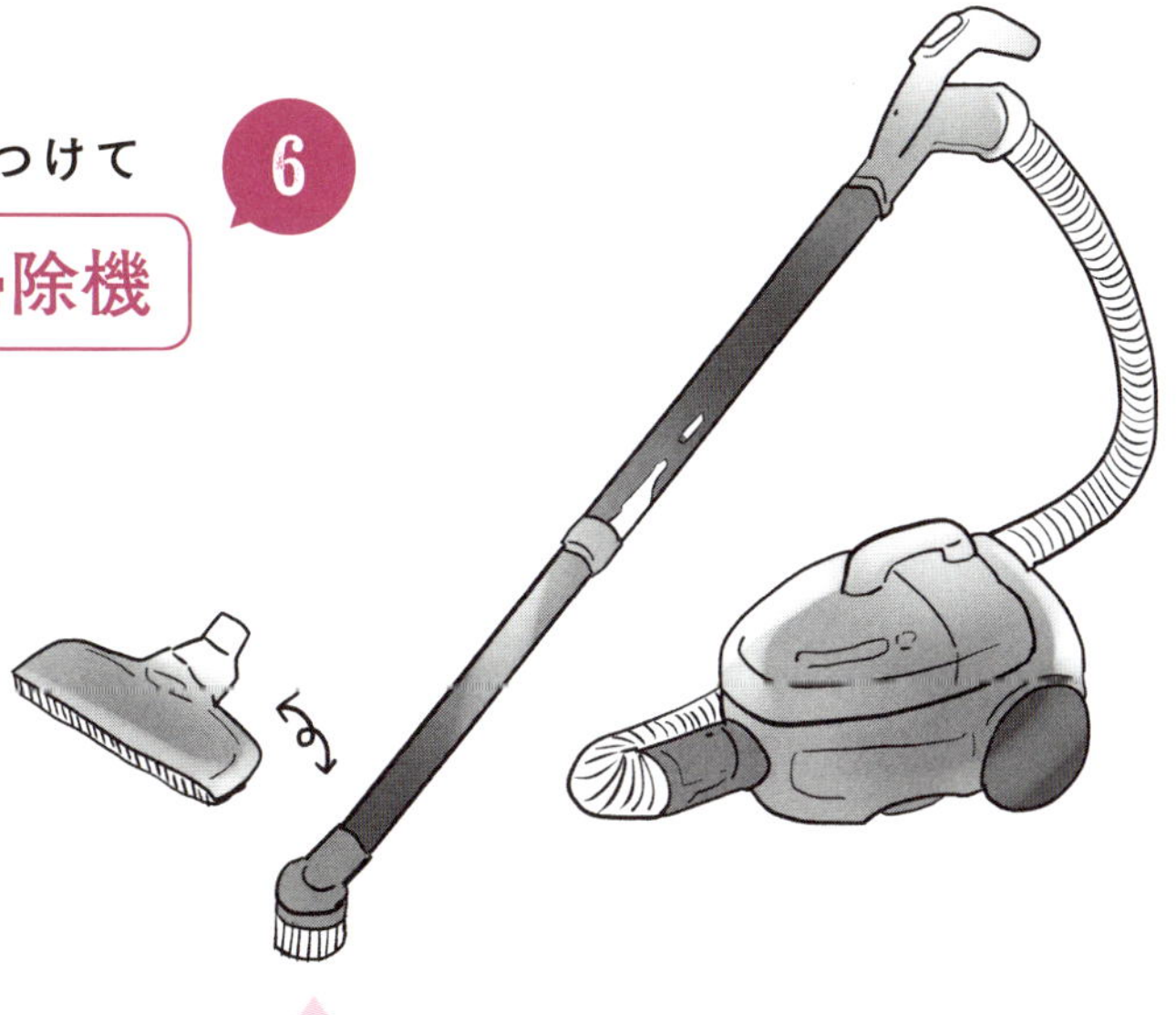

カビの予防の救世主

7 スクイージー

浴室の壁や床の水切りに欠かせないのがスクイージー。浴室に1本置いておき、風呂上がりに水切りをするだけでカビの予防に効果的。窓掃除にも使える。

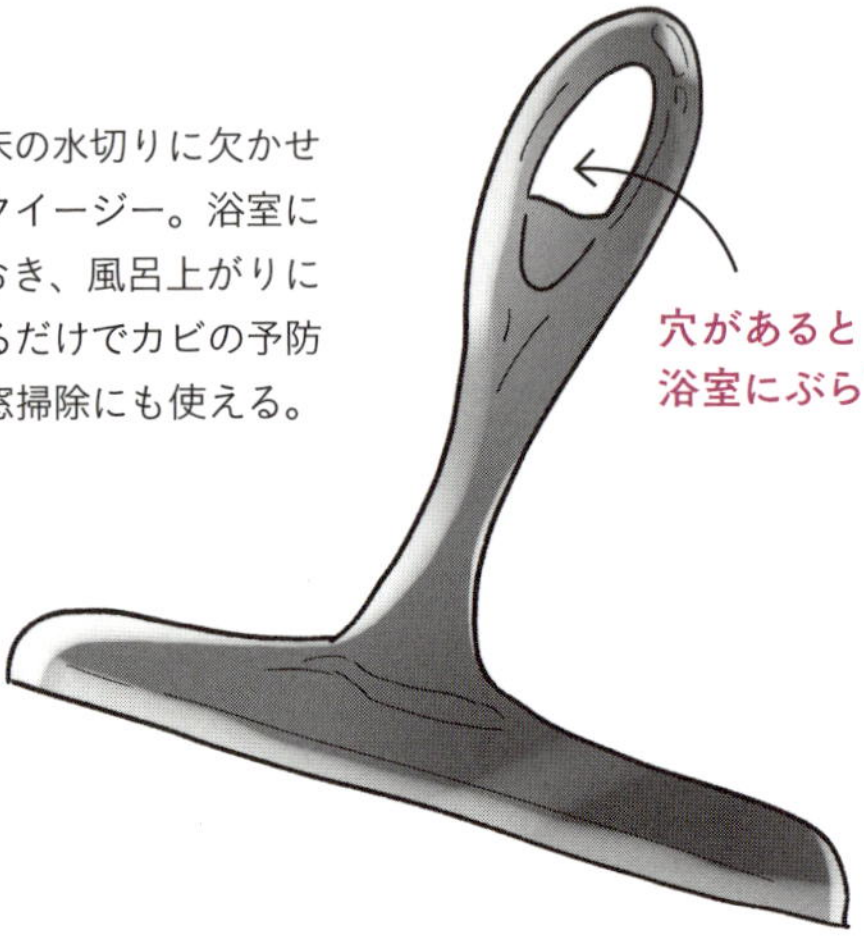
穴があると
浴室にぶら下げられる

まるで消しゴム？

8 メラミンスポンジ

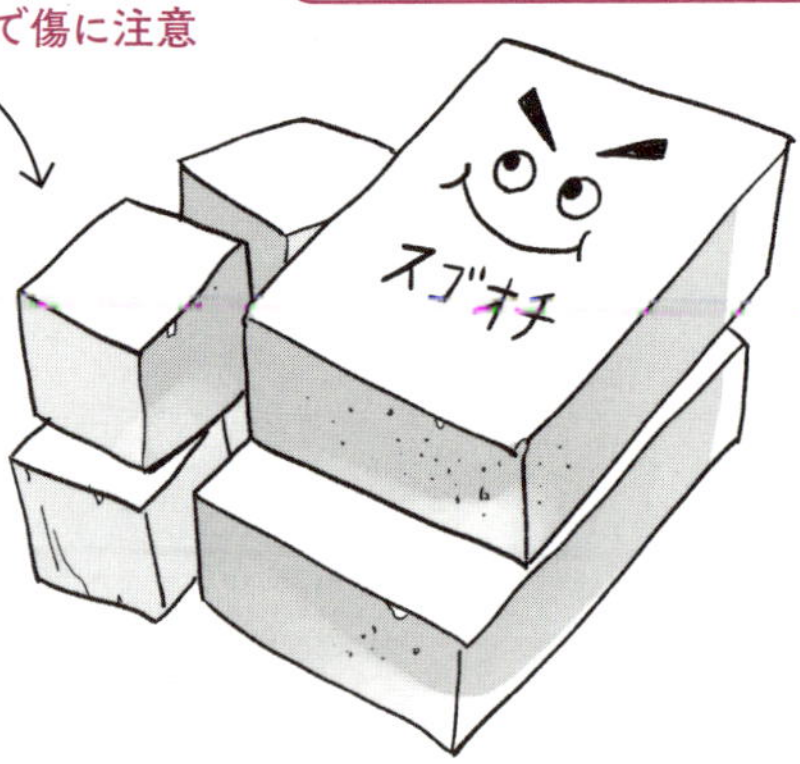
案外かたいので傷に注意
スゴオチ

メラミン樹脂のスポンジ。水だけで汚れをこすり落とせるのが特徴。研磨効果があるので、傷がついたり、コーティングがはがれる恐れもある。

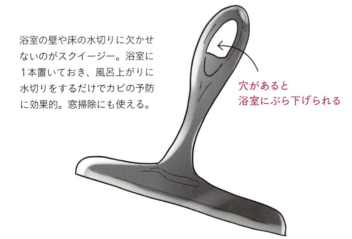

もうスポンジはいらない

9 メッシュクロス

食器洗いや風呂掃除用のスポンジは、洗剤が残りやすく乾きにくい。メッシュクロスは、薄くて乾きやすいことがメリット。アクリルたわしのかわりとしても使える。

細かい目で水アカを落とす

10 サンドペーパー

水アカがこびりついたら洗剤で落とすのは無理。水アカ用のサンドペーパーで削り落とそう。耐水性で、500番以上の細かい目のものを選ぼう。落ちなくなった鍋の焦げにも。

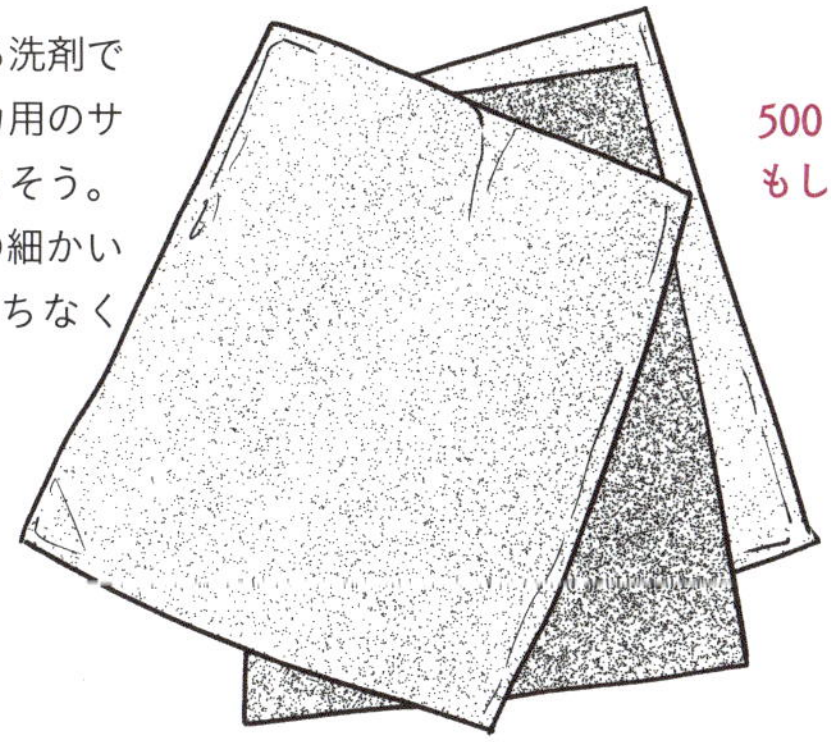

500番以上
もしくは、水アカ専用

まず拭きとる習慣を

使い捨ての紙・布

11　12

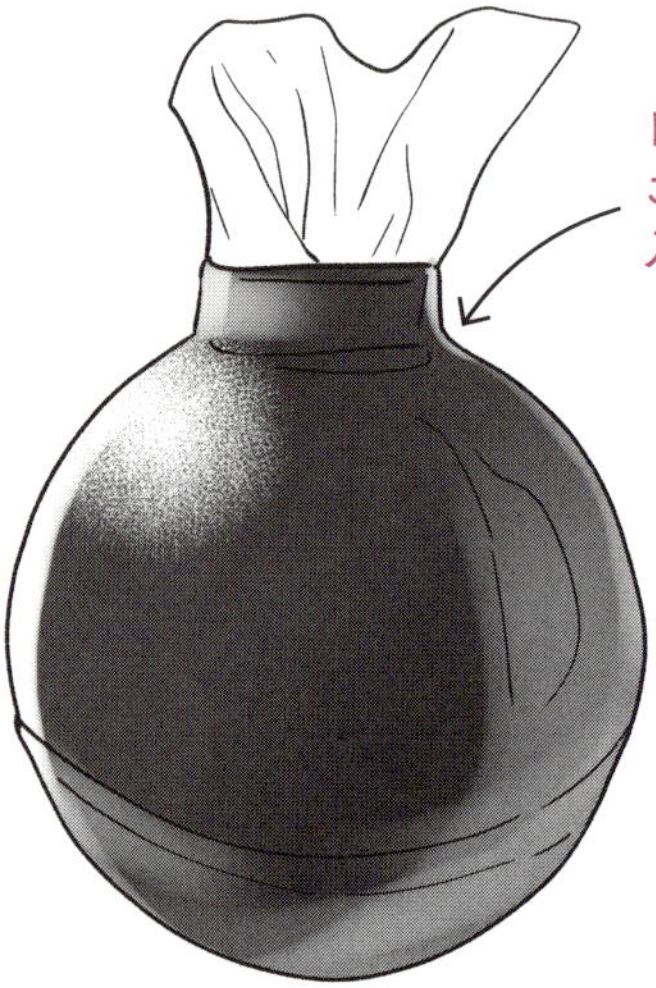

トイレットペーパーは
こんなボックスに
入れて

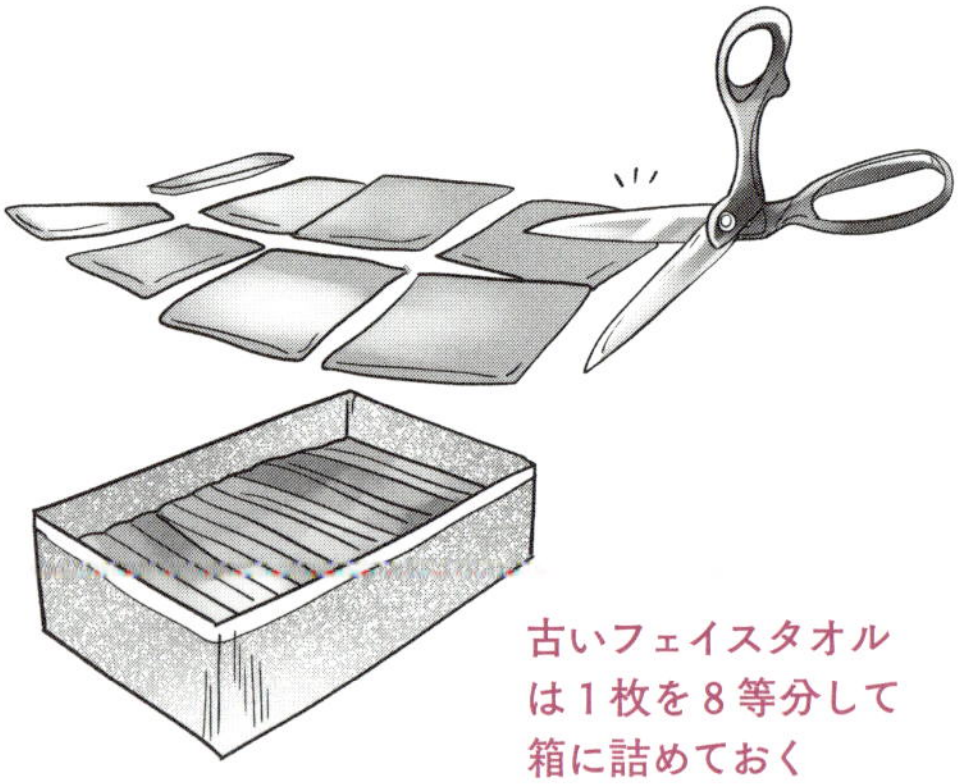

古いフェイスタオル
は１枚を８等分して
箱に詰めておく

壁に飛んだアブラ汚れや、フライパンに残った油脂などをざっと拭くのに便利なのがトイレットペーパー。キッチンに置くのだから、無香料のものを選びたい。玄関やトイレの拭き掃除に欠かせないのが、使い捨てできる古タオル。小さめにカットして常備しておこう。

13

排水口掃除に

シリコンのカップカバー

マグカップのふたとして売られているシリコン製のカバー。排水口の掃除に便利！（→P112）

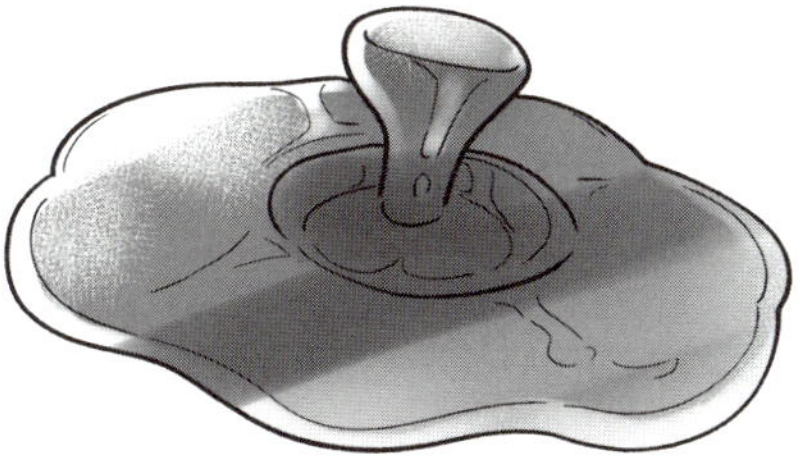

14

ガンコ汚れに

ヘラ

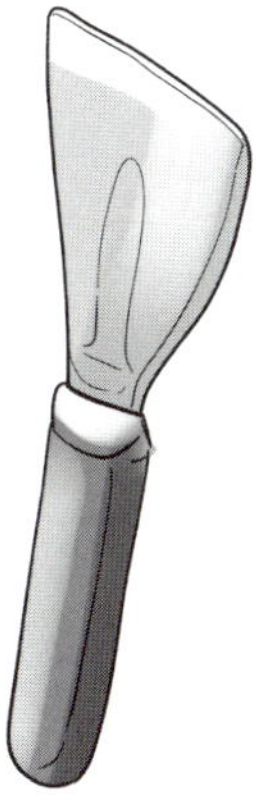

ガンコな汚れに洗剤をつけて、浮き上がったところをこそげとる。ブラシの柄がヘラになっているものも多い。もんじゃ焼き用のヘラでも代用可能。

15

洗剤パックに

キッチンペーパー

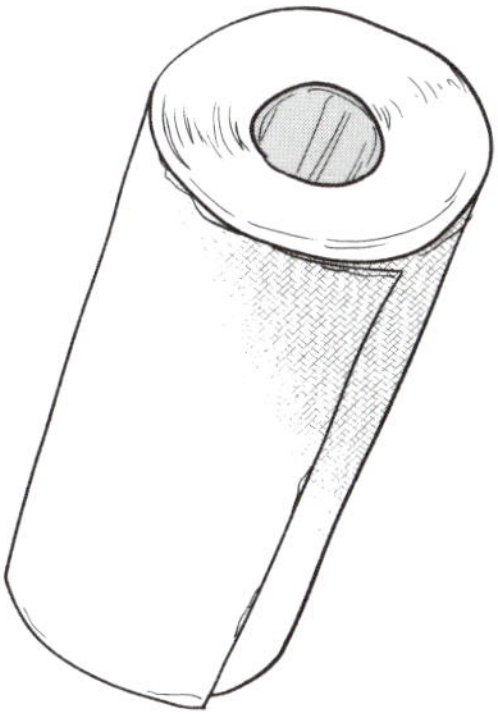

洗剤をしみこませてパックするのに便利。とくに水アカを落とすときに大活躍。さまざまな種類があるが、不織布ではなくパルプ製の厚手タイプを選ぶといい。

PART 4

キッチン掃除の達人になる！

口に入るものを作る場所。
生ものもアブラも水も使う場所。
家じゅうでいちばん汚れが目立つし気になる場所。
そう、それがキッチン。
毎日使うから、毎日必ず汚れてしまう。
だからこそ汚れはためないこと。
ためてしまった汚れは
ゆるめてしっかり落としましょう。

食べ物を扱うキッチンは多種類の汚れが大集合

食べ物か汚物か？キッチンに「光と影」をつくらない

どんなに料理が得意な人でも、いいえ、得意であればあるほど、キッチンは汚れます。フライパンのアブラの飛び散りはもちろんのこと、水蒸気にとけた油脂は壁や天井に付着するし、肉や魚のたんぱく質の汚れは腐敗しやすく、イヤーなにおいのもとになります。

でもその汚れも、少し前までは食べ物だったはず。ガスコンロの五徳の汚れも、もとは食品でした。口に入ったものは栄養になり、放置されたものは焦げつきや、ガンコな汚れや、カビや雑菌や腐敗臭になってしまうのです。まさに、食品の光と影。でも、逆に考えれば、アブラ汚れがついた排水口も、ついてすぐなら食器と同じということです。食器を洗うように、五徳や排水口を毎日洗いましょう。それが習慣になれば、大掃除なんて無用になりますよ。

キッチンの汚れってどんなの？

ガスコンロ

「汚れた！」と思ったら即、拭きとろう。コンロがあたたかいうちは洗剤いらず。

食器といっしょに五徳も洗おう。食洗機に入れてもいいんです。

使うもの

使い捨ての紙・布
トイレットペーパーや使い捨ての紙・布で汚れは即拭きとる

重曹
毎日の掃除なら重曹水で拭きとればキレイに。二度拭きも不要

過炭酸ナトリウム
煮洗いや、つけおき洗いのときには弱アルカリの洗剤を

その他に使うもの
…メッシュクロス

毎日掃除　食後に五徳をはずして拭き掃除

重曹水を
ボウルに
作って使おう
コンロのまわりの壁も
ギャ～ッ
とうっ！
五徳をはずしたら、
食洗機で洗ってしまうのも手
スッキリさせるなら
重曹クロスで拭く
（→ P50）

おいしく食べたあとは食器とコンロをキレイに

コンロの汚れはアブラ汚れ。時間がたてばたつほど扱いにくくなります。アブラが飛び散ったら、その直後にパッと拭くのがいちばん。使い捨ての紙や布を手の届く場所に置いておきましょう。

ちゃんとした掃除は、食事のあとで大丈夫。食器洗いをする流れで、コンロもキレイにしてしまいます。まず、ボウルなどに1％の重曹水を作ります。重曹は水ではとけないので、給湯器の40℃前後のお湯を使います。それにクロスを浸してしぼり、五徳をはずしたコンロを丁寧に拭きます。ついでにコンロまわりの壁と床も。はずした五徳は残った重曹水で洗うか、食洗機に入れましょう。最初は抵抗があっても、毎日洗っていれば調理道具と同じ。汚れがひどいなら次ページの方法で。

まとめ掃除

コンロの部品を煮洗いする

1. コンロの部品は全部とりはずしてフライパンに入れる。
2. 部品がつかる程度の水に過炭酸ナトリウムを入れて火にかける。
3. 沸騰直前で火を止め、冷めたらしっかりすすぐ。

煮洗いできない部分はシンクでつけおきを

五徳やコンロの部品を食洗機に入れるのは抵抗がある……という方は、抵抗がなくなるまでキレイにしましょう。ギトギト汚れは手ごわいので、ナチュラル洗剤の中でも強力なアルカリ洗剤に登場してもらいます。過炭酸ナトリウムです。

フライパンに入るサイズであれば、煮洗いするのがいちばんです。沸騰してから洗剤を投入すると吹きこぼれてしまうので、必ず水のうちに洗剤を入れましょう。過炭酸ナトリウムがいちばん働くのが60℃なのでグラグラ煮てはいけません。沸騰する前に火を止めます。お湯が冷めたら自然に汚れがゆるむはず。とれない部分は、重曹粉末をふりかけてこすり洗いを。

フライパンに入らないサイズであれば、換気扇フード（→P108）の要領でつけおき洗いをしましょう。

まとめ掃除

アブラとホコリで汚れた壁は重曹水パック

1. ボウルに1%の重曹水を作り、厚手のキッチンペーパーを浸す。
2. 汚れの上に軽くしぼったキッチンペーパーをはりつけ、5分待つ。
3. ペーパーをはがし、重曹水に浸してしぼったペーパーで拭きとる。

POINT

拭きとりのコツ

・調理中で壁の温度が上がっているときに拭きとれば、汚れが落ちやすい。

・拭きとるときは上から下へ。汚れまじりの水分がたれるのを防ぐ。

キッチンまわりの拭き掃除にはペーパータオル

マイクロファイバークロスはアブラ汚れがつくと落ちにくいのが難点。先に使い捨ての紙で拭きとっても、油脂がつくとベタつく可能性が。私がキッチンの拭きとりで使うのは、使い捨てのペーパータオル。トイレットペーパーをかわいいホルダーに入れて使うのも経済的です。

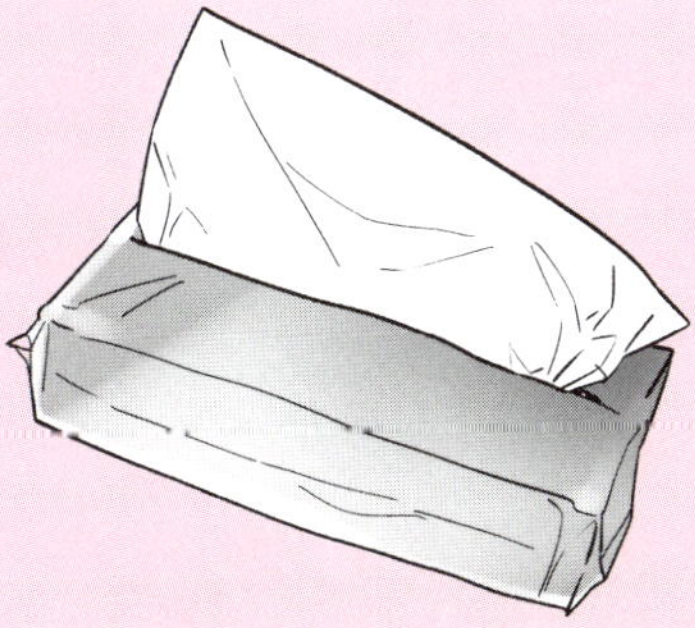

IHコンロ

汚れが残ったままで再加熱するからこびりつく。
鍋の底の汚れに注意して！

こびりつきの掃除に使える道具は、
トッププレートの性質で違う。

使うもの

使い捨ての紙・布
トイレットペーパーや使い捨ての紙・布で汚れは即拭きとる

重曹
毎日の掃除なら、重曹水で。ひどい汚れには重曹水パックを

まとめ掃除　まずは重曹水パックを試してみて！

1. ボウルなどに1％の重曹水を作り、厚手のキッチンペーパーを浸す。

2. トッププレートの上にキッチンペーパーをはりつけ、5分待つ。

3. ペーパーをはがし、拭きとる。汚れが残る場合には、重曹の粉をふりかけて、スポンジでこすり洗いを。

毎日サッと拭く習慣がトッププレートを長寿に

IHコンロの最大の魅力は、凹凸のないフラットなトッププレート。アブラが飛び散っても牛乳が吹きこぼれても、すぐにサーッと拭きとれるのでキレイが持続します。でも、汚れを放置したままで加熱すると、見るも無残な焦げつきになります。しかもガスコンロの五徳のようにとりはずせないので、焦げつきの掃除は難しい。

トッププレートの材質などによって使えない洗剤や道具があるので、まずは説明書で確認。アルカリ性洗剤が使える場合には、重曹水パックを試してみましょう。それでもこびりつきが残っている場合には、重曹の粉をふりかけ、スポンジでこすり洗いを。メラミンスポンジはトッププレートを傷つけることがあります。なお、鍋の底に汚れがついていると焦げつきますから、必ず拭きとって。

換気扇フード

フードの外側はべたつきやすい。
「お湯拭き」「ホコリチェック」を
欠かさないで。

フィルター掃除は
2カ月に一度、つけおき洗いを。

使うもの

重曹
毎日の掃除なら重曹水で拭きとればキレイに。二度拭きも不要

過炭酸ナトリウム
つけおき洗いのときには過炭酸ナトリウムが便利

お湯
60℃のお湯につけると汚れ落ち効果抜群

その他に使うもの…
ハンディワイパー、ビニール袋

まとめ掃除 シンクをせき止めてつけおきしよう

1 排水口をビニール袋などでせき止め、給湯温度を60℃にしてお湯をためる。

2 過炭酸ナトリウム大さじ2〜3をとかし、フィルターを入れて湯が冷めるまでつけおきする。

3 お湯を捨て、フィルターに重曹をふりかけて小さめのブラシでこすり洗いする。水で流して乾かす。

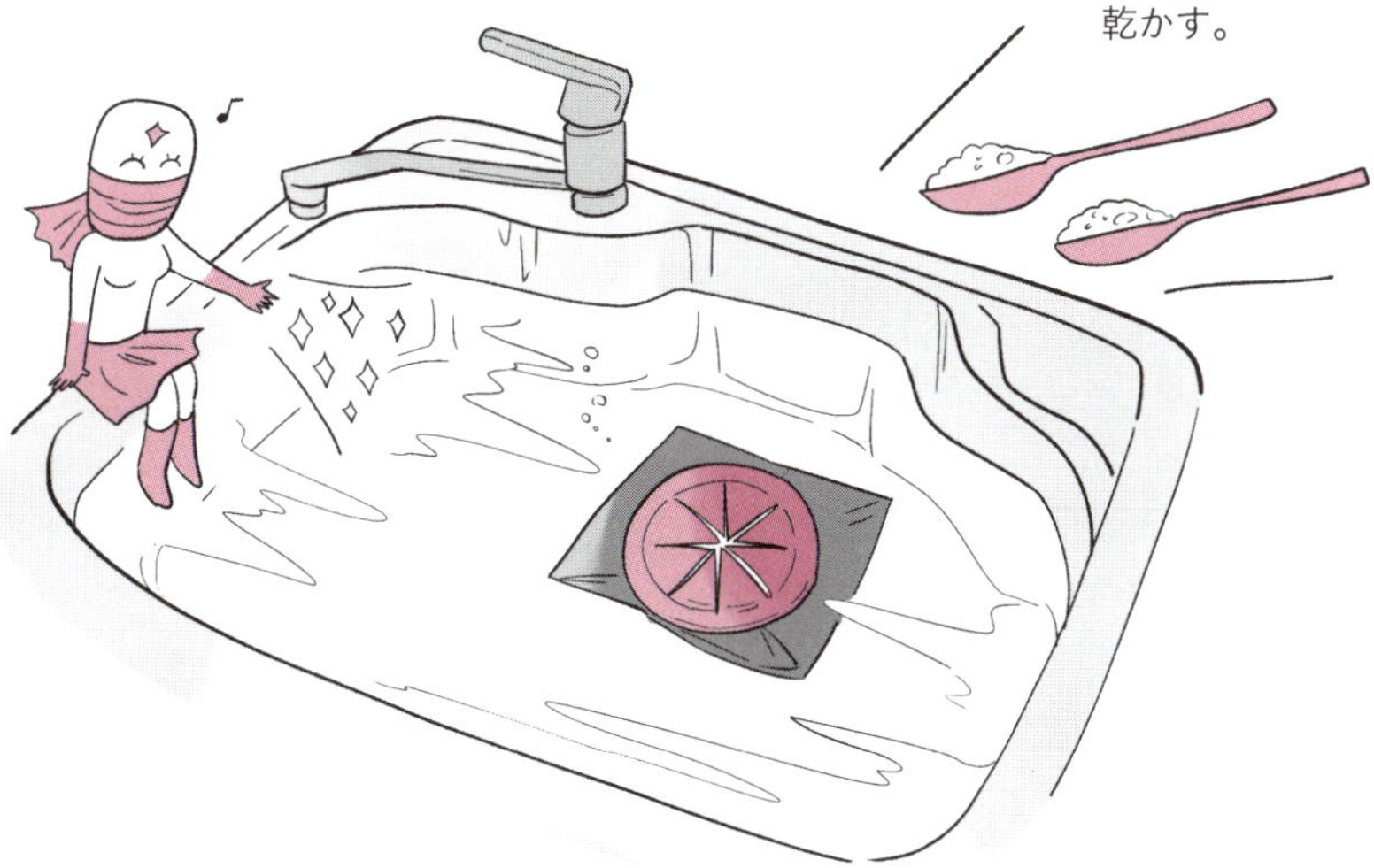

換気扇本体は食洗機でピカピカ

換気扇フードの外側を、ときどき触ってください。ホコリとアブラがまざってベトベトしてきたら、重曹水パック（→P105）を。でも、そうなる前にハンディワイパーでホコリをとり、こまめに重曹クロス（→P90）で拭いておきましょう。

フィルターは2〜3カ月に一度つけおき洗いをします。このとき、奥の換気扇（シロッコファン）も洗うといいですね。使うのは食洗機。高温のお湯で洗うのでピカピカです。

シンクのせき止め方

排水口のゴミ受けの下にビニール袋を敷き、受け皿をかぶせる。お湯を入れると水圧で密着する

シンク

シンクは酸性の汚れとアルカリ性の汚れがミックス。2種類の洗剤を使えば汚れスッキリ。

最後に水滴をキレイに拭きとればカビ・雑菌&水アカ予防に。

使うもの

重曹
アブラ汚れや食べ物のカスが多いシンクにはアルカリ性洗剤が効く

クエン酸水
水アカはアルカリ性の汚れなので酸性洗剤が効く

マイクロファイバークロス
水滴を残さないために仕上げ拭き

その他に使うもの…メッシュクロス、タオル

毎日掃除　食器を洗ったあとにシンク掃除を習慣に

1. シンク内に重曹の粉をふりかけ、メッシュクロスなどでみがき、洗い流す。
2. 週に一度くらい、シンク全体と蛇口にクエン酸水を吹きつける。
3. 最後にマイクロファイバークロスで水滴をすべて拭きとる。

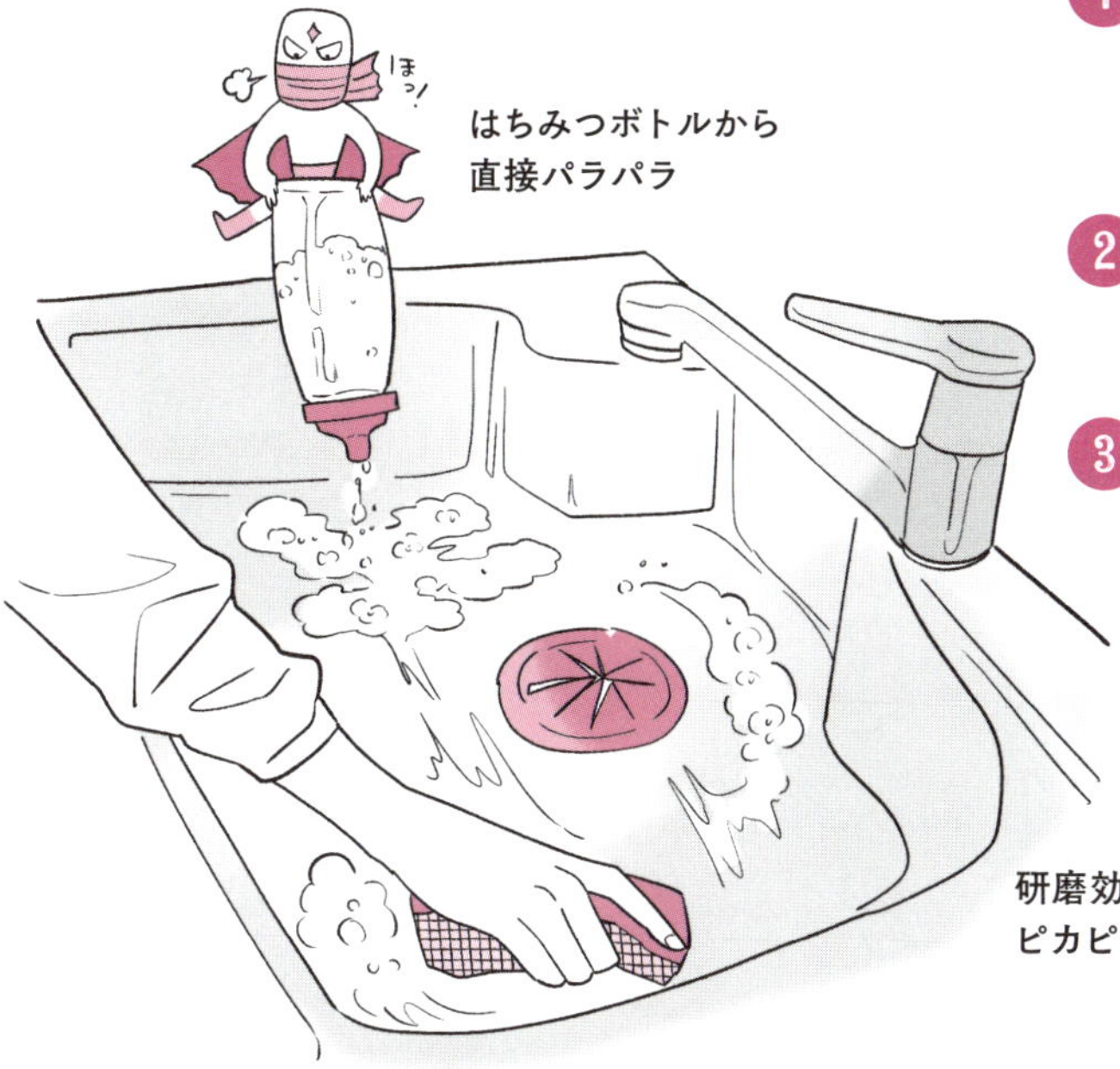
ほっ!
はちみつボトルから
直接パラパラ
研磨効果で
ピカピカに

重曹掃除は毎日 クエン酸は週1回

2種類の汚れがあるからといって、クエン酸と重曹をまぜて洗剤を作ってはいけません。アルカリ性と酸性がまざると中性になってしまい、洗剤の効果がなくなります（ちなみに、いわゆる「中性洗剤」は、合成界面活性剤の泡で落とす洗剤です）。

シンク内の掃除は、重曹の粉をクレンザーがわりに使うのがいいでしょう。シンク内の水とまざり、アルカリ性洗剤としての効果も期待できます。キッチンを使用した最後に乾いたクロスやタオルなどで拭きとっておけば、水アカの予防ができます。クエン酸水を使うのは週1回で十分。

「水けを拭きとったタオルはどこで洗うの？」と聞かれることもありますが、キレイなシンクを拭いたものですから、私は、ほかの洗濯物といっしょに洗濯機で洗います。

排水口

排水口のヌルヌル&黒ずみの正体はカビ・雑菌。

毎日洗えば食器と同じ。
難しい場合でも週1回は除菌漂白を。

使うもの

シリコンのカップカバー
排水口をせき止めるために使うマグカップ用のふた

過炭酸ナトリウム
汚れを落とすだけでなく除菌もできる

熱湯
排水口の水とまざるとちょうど60℃くらいに

週1掃除　過炭酸ナトリウムの力で雑菌の巣窟を壊滅！

1. 部品をはずして、シリコンのカップカバーで排水口をふさぐ。
2. 熱湯を流し、過炭酸ナトリウム小さじ1〜2を入れる。
3. 排水口の少し上になるくらいまでお湯をためたら、とりはずした部品を戻してひと晩つけおきする。
4. 翌朝、シリコンのカップカバーをはずして排水する。

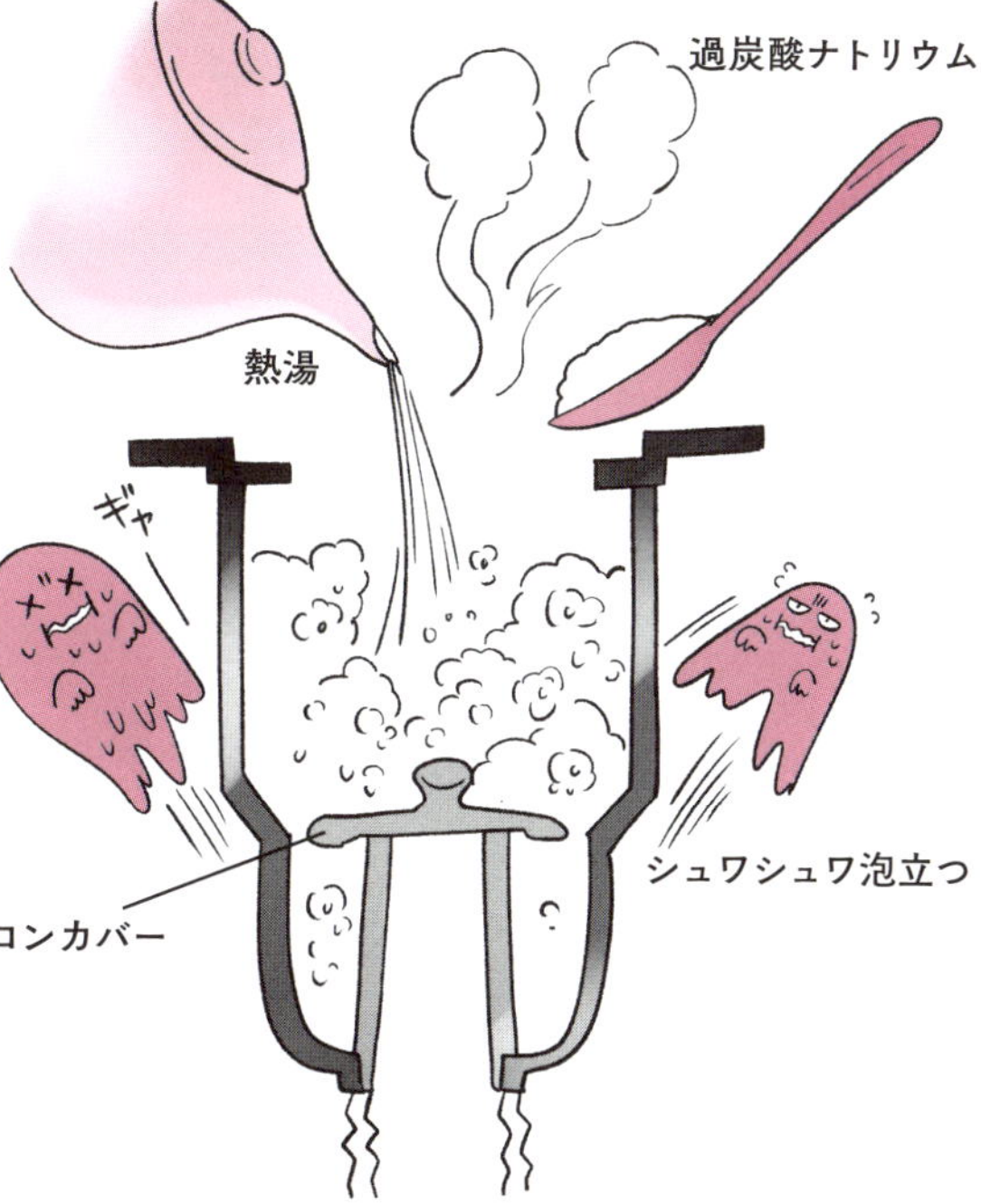

マグカップ用のカバーは排水口掃除の救世主

キッチンの排水口は、少し複雑な構造です。まずゴミ受け（排水バスケット）があり、その下に排水トラップという水たまりと、それを覆う帽子のようなカバーがあります。これが下水臭や虫の侵入を防ぐのですが、たまった水には雑菌が繁殖しやすくなります。

ゴミ受けやカバーははずして洗うことができますが、内側をすべて洗うのは難しいもの。そこで週に1回、排水口に湯をためて漂白と除菌をしましょう。キッチンには排水口をふさぐ機能がありませんから、マグカップのふたにするシリコンのカップカバーを使います。これをのせるだけでお湯の圧力で密着して、ひと晩しっかり水をせき止めてくれます。朝には排水口はピカピカ。排水すると一気に大量の水が流れるので、パイプの詰まり予防にもなります。

排水パイプ

キッチンの排水パイプは、アブラ汚れで狭くなりがち。

「水が流れにくくなった」と感じたら、重曹とクエン酸でシュワシュワ作戦開始！

使うもの

重曹
酸とまじると炭酸ガス（二酸化炭素）が生じる特性を利用する

クエン酸
重曹を発泡させるために使う酸性洗剤

まとめ掃除 重曹の発泡反応で排水パイプの汚れをはがす

1 鍋に水2ℓとクエン酸大さじ2を入れて沸騰させる。

2 重曹½カップを排水口全体にふりかける。

3 1のクエン酸のお湯を排水口に一気に注ぐと排水口で発泡する。

4 泡が落ち着いてきたら、仕上げに水を流す。

排水口がキレイだとパイプも詰まりにくい

排水口の先に、下水管につながる排水パイプがあります。ここがアブラ汚れや髪の毛などで詰まると、水の流れが悪くなるのです。そんなときに試してほしいのが、重曹とクエン酸のシュワシュワ作戦。発泡の力で、排水口の奥のパイプの詰まりを流してくれます。パイプクリーン用の錠剤が市販されていますが、原理はこれと同じです。重曹にはこんな使い方もあるので、ナチュラルクリーニングには欠かせないのです。同じやり方で、浴室や洗面所の排水パイプの掃除もできます。

ただ、112ページで紹介している排水口の掃除を繰り返していると、排水パイプの掃除が必要になることはめったにありません。除菌効果のある水をいっぺんに流すことで、そのつどパイプの大掃除になっているのでしょうね。

蛇口

クエン酸水でみがけば、蛇口は鏡のようにピカピカに。

酸はサビの原因になるので、スプレーしたクエン酸水はしっかり拭きとりを。

使うもの

クエン酸水
水アカ汚れの予防と掃除にはクエン酸水が効く

キッチンペーパー
クエン酸パックには厚手のキッチンペーパーを

マイクロファイバークロス
仕上げみがきには、毛羽立ちの少ないクロスが便利

その他に使うもの…ブラシ

まとめ掃除　5分間のクエン酸パックで水アカをさっぱり

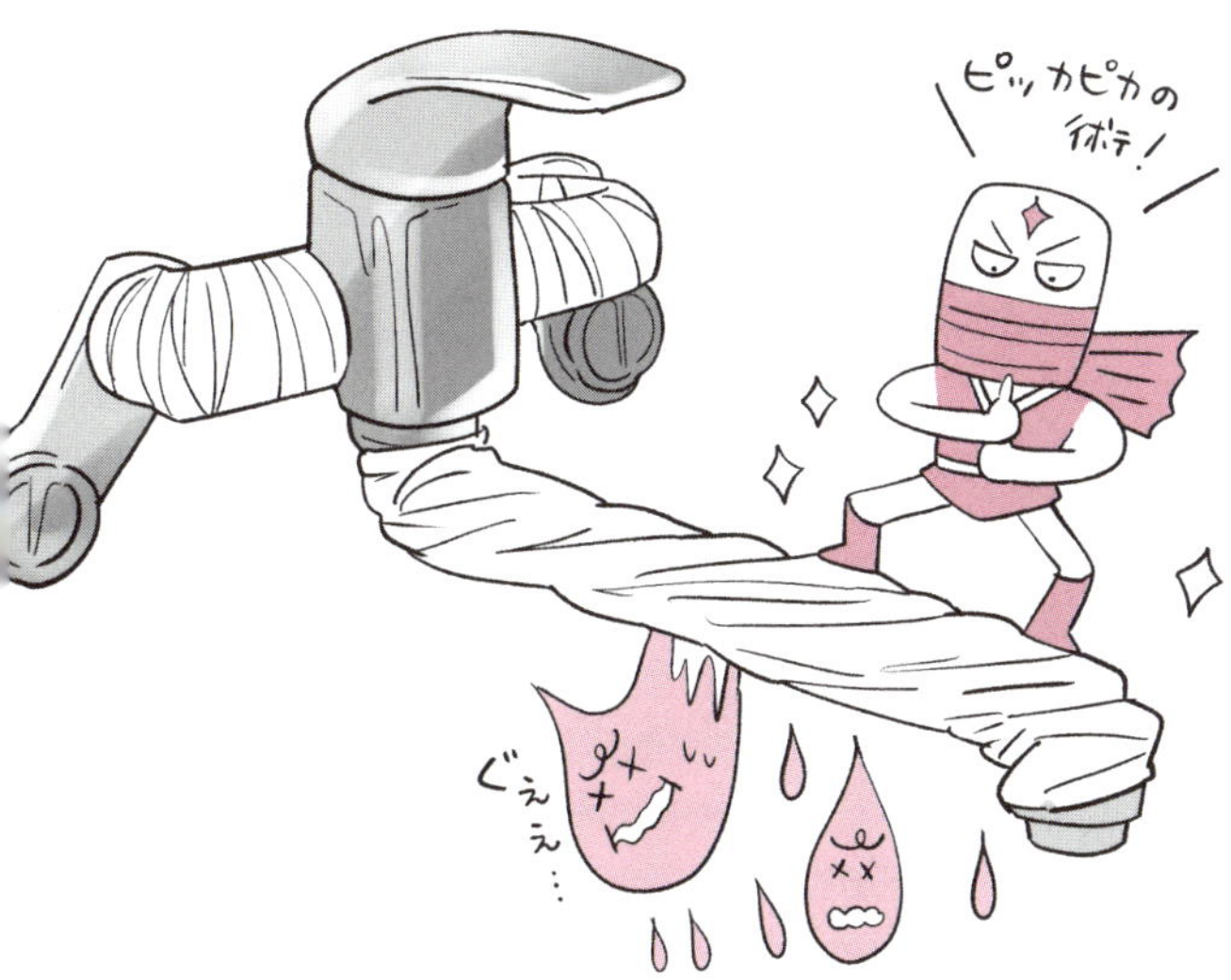

ピッカピカの術!
ぐぇぇ…

1. 蛇口全体にクエン酸水をスプレー。
2. 蛇口をキッチンペーパーで包んだら、その上からもう一度スプレー。
3. 5分たったらはがし、クエン酸水がついた部分をマイクロファイバークロスで水拭きする。
4. さらに乾いたマイクロファイバークロスで水けが残らないようにみがく。

毎日の掃除はから拭きだけでもOK

水道の蛇口がピカピカで曇りがないと、気持ちがいいものです。キッチンもそうですが、洗面所の蛇口はとくにお客様の目にも触れやすい場所。蛇口を曇らせる原因は水アカです。週1回はクエン酸水でみがくとキレイになります。毎日の掃除は水けをしっかり拭きとって水アカ予防を。

　また、蛇口の根元は水がたまりやすく、食べ物のカスがつきやすいところ。たまった水アカにカビが生えやすいので、ブラシを使ってこまめに掃除を。

この形のブラシは、すき間やカーブにぴったり

冷蔵庫

アルコール水をスプレーして除菌。アブラ汚れもさっぱり。

製氷機の内側をブラックボックス化させない。

冷蔵庫に重曹粉末を置いても、におい消しにはならない。

使うもの

アルコール水
食品を扱う場所は
除菌効果の高いアルコールで

マイクロファイバークロス
アルコールを吹きつけた
部分の拭きとりに

クエン酸水
製氷ラインの掃除には
2%のクエン酸水を使う

毎日掃除 ガビガビ汚れは水道水で10分パック

1. アルコール水を冷蔵庫の外側にスプレーして、マイクロファイバークロスで拭きとる。
2. 内側の棚の汚れが気になる部分にもスプレーして拭きとる。
3. かたまった汚れは、水道水を含ませたキッチンペーパーで10分パック。その後、アルコール水をスプレーして拭きとる。

冷蔵庫がくさい！

腐敗した食べ物があるのかも。
原因を除去してアルコール水で掃除を！

まとめ掃除 製氷ルートはクエン酸氷で清浄

製氷ルートの掃除

1. 1ℓの水に小さじ5のクエン酸をとかす。
2. ❶を製氷機のタンクに入れてクエン酸氷を作る。
3. 全部が氷になったら捨て、もう一度1ℓの水をタンクに入れる。すべて氷になればすすぎ終了。

クエン酸の
氷は白っぽい。
食べないでね

※タンクの部品の洗浄は過炭酸ナトリウムで。
（1ℓのお湯に小さじ 1）

棚や引き出しの掃除

年に1〜2回、棚板や引き出しをとり出して水洗いを。アルコール水をスプレーしてしっかり乾燥させてから戻す。

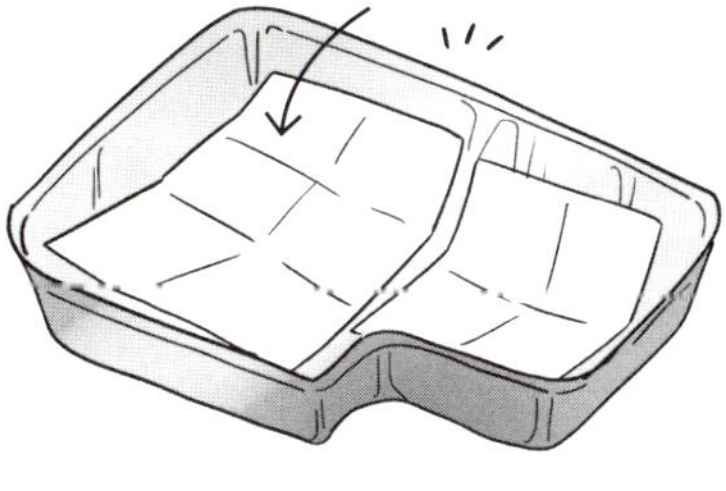
野菜室の引き出しには
紙を敷く。汚れたら交換

食器洗い機

まとめ掃除

食器を入れずに運転して、一時停止で大掃除

普段は重曹水で
拭き掃除

ゴミ受けは
使うたびに洗って

アブラ汚れ対策なら過炭酸ナトリウム

はずせる部品はとりはずして石けんで洗う。庫内は使い捨ての布やメラミンスポンジなどで汚れを拭きとったあと、食器を入れず過炭酸ナトリウム大さじ1を入れ、通常の食器洗いコースで運転。

水アカ掃除ならクエン酸

食器を入れず、洗剤のかわりにクエン酸大さじ1を入れて運転。「洗い」が終わった時点で一時停止。ゆるんだ水アカをブラシなどでこすりとってから「すすぎ」へ。

NG

食器洗い機に泡立つ洗剤を使っちゃダメ！

使うもの

重曹水
食洗機の表面は重曹水をスプレーして拭きとる

クエン酸
ガリガリした汚れは水アカなのでクエン酸が効く

過炭酸ナトリウム
庫内のアブラ汚れには過炭酸ナトリウム掃除を

その他に使うもの…
石けん、使い捨ての布、メラミンスポンジ

魚焼きグリル

毎日掃除　焼き網のこびりつきには重曹パックを

1. 受け皿に重曹をふりかけてお湯に浸す。
2. 焼き網にキッチンペーパーをのせて重曹をふりかけ、お湯でぬらす。
3. 5分ほどしてからペーパーをはがし、こすり洗い。

まとめ掃除　グリル全部を洗うならシンクへ

シンクにお湯をためて過炭酸ナトリウム加えたものにつける(→P109)。

使うもの

重曹
日々の汚れは重曹でさっぱりと

過炭酸ナトリウム
グリル全部を洗う場合や、こびりついたアブラ汚れを落とす場合に

その他に使うもの…
キッチンペーパー

電子レンジ・オーブンレンジ

●電子レンジを使ったら、
庫内を重曹水で
拭きとっておく。

●オーブン機能を使う前に、
庫内の汚れをチェック。
「あたため」で飛び散った汚れを焦げつかせないで！

使うもの

重曹水
庫内の汚れはアブラ汚れが
中心なので重曹水

ふきん
加熱するので高熱に耐える
天然素材のふきんを

メラミンスポンジ
こびりついた汚れが
とれない場合に

その他に使うもの…
過炭酸ナトリウム

まとめ 掃除

こびりついた汚れは、重曹スチームでゆるめてふく

1. ボウルに重曹水を作り、ふきんに含ませる。
2. 軽くたたんで電子レンジに入れ、1分間加熱。そのまま2〜3分待つ。
3. 庫内に蒸気が充満しているうちに、❷で中の汚れを拭きとる。
4. こびりついてとれない汚れは、メラミンスポンジでこする。

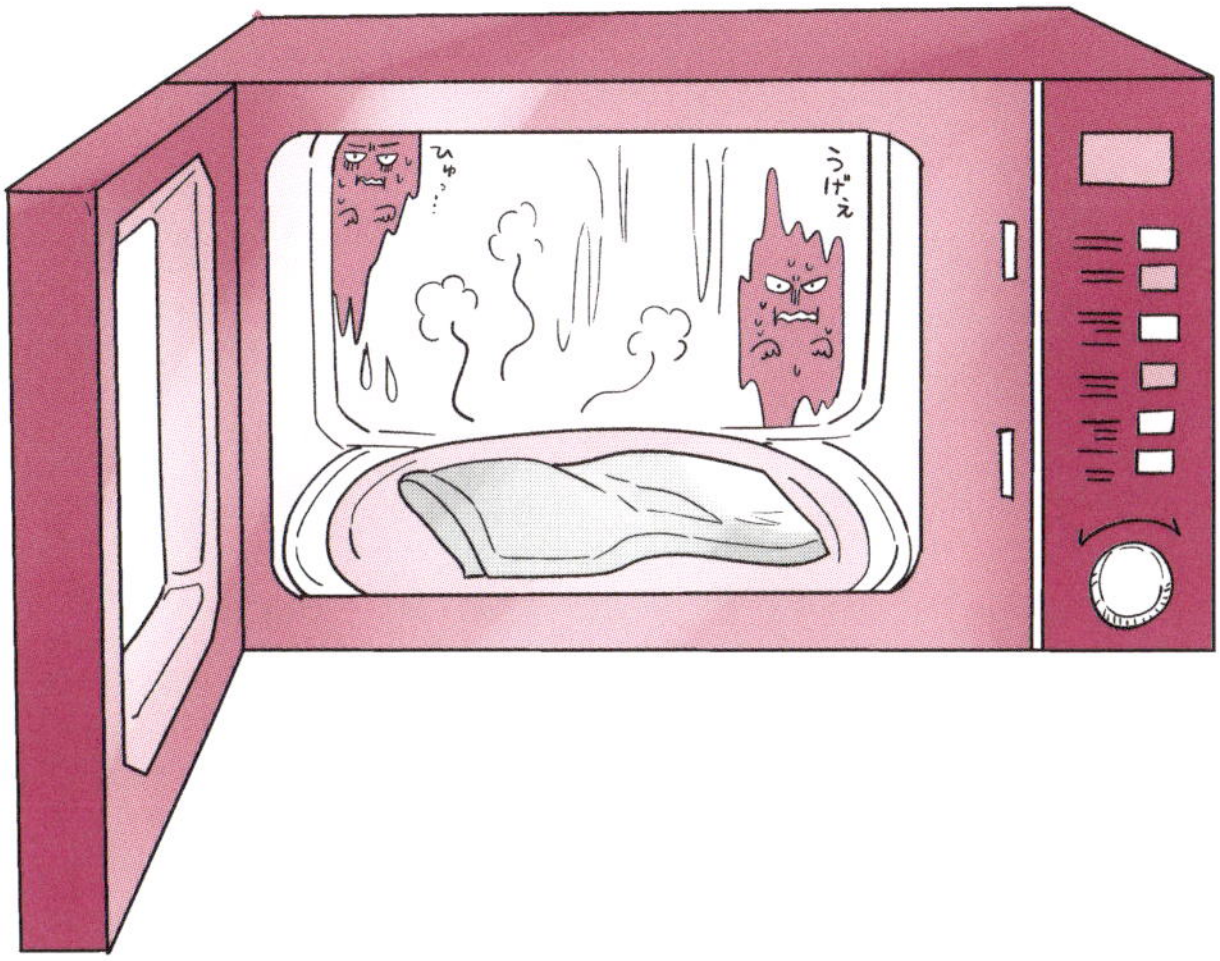

オーブントースターはパンくず掃除が必須

　電子レンジで加熱すると、汁物が吹きこぼれたり、アブラが飛び跳ねたりしますよね。それが乾燥してこびりつくだけでもとるのは大変ですが、オーブン機能がついていると、200℃を超える高温で庫内に焼きつけられてしまいます。この焦げつきを放置すると、またそこに汚れが付着して大変なことに。しかも、スチーム機能のあるレンジなら、蒸し物をしている間にその汚れがとけだして料理の上にポタリ……きゃー。

　電子レンジを使ったら、さっと拭きとる習慣をつけたいですね。

　単機能のオーブンやオーブントースターの場合も、焦げやパンくずなどはこまめに拭きとるようにしましょう。網の部分ははずして重曹パックし、しっかり洗いたい場合には過炭酸ナトリウムでつけおきを。やり方は、魚焼きグリルと同じです。

食器

固形石けん、粉石けん、液体石けん、どれでも洗える。

石けんの洗浄力は高く、汚れスッキリ。

うっかり酸性汚れにまじると、石けんがアブラに戻るので注意！

使うもの

石けん
界面活性剤の力で汚れを
包みこんで流す

メッシュクロス
薄手の食器洗い用クロスを
使うと清潔を保ちやすい

重曹水
重曹を溶かした
お湯につけてから
洗うと汚れ落ちがいい

その他に使うもの…
キッチンペーパーや使い捨ての布
重曹水

石けんで食器を洗うコツ

1 アブラ汚れはキッチンペーパーや布などで拭きとったら、重曹をとかした湯（→P50）につけておく。

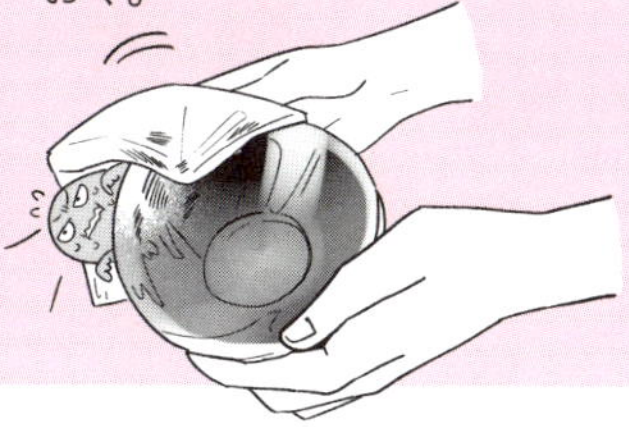

2 メッシュクロスに石けんをつけ、よく泡立てる。

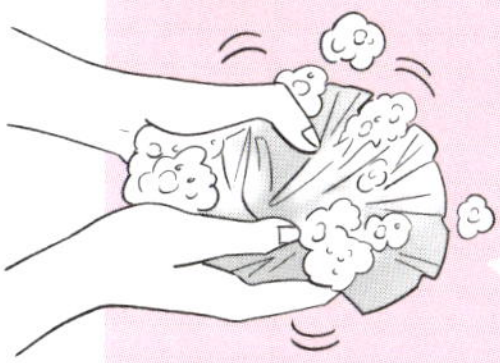

しっかり泡立っていないと、汚れが落ちにくいよ

3 泡の立ったクロスで食器を洗い、水がかからない場所にまとめる

石けん成分が薄まると、汚れが食器に戻っちゃうよ

4 食器を1枚ずつ流水で流す。40℃前後のお湯を使うと効果的

石けんのついていないクロスでこすると石けん成分が落ちやすい

重曹だけじゃダメ？

食品の汚れは酸性なので重曹でも洗えますが、メッシュクロスに含ませるのが難しい。ただ、重曹水（重曹をとかしたお湯）につけておくと汚れが落ちやすく、洗うのがラク。

食器洗い用の石けんを使うべき？

石けんはすべて同じです。洗濯用は容量が多いので、そのぶん安価。ただし、アルカリ成分や香料が添加されているものは食器洗いには不向き。

詰め替えるなら、はちみつボトルが便利！

ふきん・クロス

- 食器洗いや食器拭きに使う布は、そのつど洗って干す。
- 洗濯機がキレイなら洗濯機で洗ってもいい。
- 週に一度は煮洗いでしっかり消毒。

使うもの

石けん
布の汚れを落とすのは、まず石けん

過炭酸ナトリウム
煮洗いしてシミや汚れの除菌、漂白をする

ふきんの煮洗い

1 大きめの鍋に水をはって、ふきんを入れる。

2 過炭酸ナトリウム小さじ１を入れて、加熱する。

3 沸騰直前に加熱を止め、そのままお湯が冷めるまでつけおきする。

POINT

過炭酸ナトリウムはお湯の温度を上げすぎると漂白効果が落ちる。
沸騰前に加熱を止めて。

マイクロファイバーをふきんに使わない理由

キッチンの拭き掃除には、マイクロファイバークロスを愛用している私ですが、食器やテーブル拭きには使いません。

食器を拭くときは、麻のふきんを使います。使うほどにやわらかくなり、グラスに繊維が残りません。テーブルを拭くのは蚊帳生地のふきんです。蚊帳生地とは、麻や綿などでふんわりと織られた生地で、吸水性がよく、とくに麻は速乾性にもすぐれています。どちらも10枚くらい用意して、使ったら、その日の洗濯物といっしょに石けんで洗います。

さらに、週に一度は煮洗いして清潔をキープ。天然繊維なので、熱に強いことも魅力です。

そう考えると、煮洗いができないマイクロファイバークロスは口に入るものを拭くのには不向き。布にもそれぞれ役割があるということです。

電気ケトル

使うもの

クエン酸、アルコール水

ポットにたまった水アカはクエン酸で浮かせてとる

表面はアルコール水などで拭き、内側はクエン酸小さじ1を入れてお湯1ℓをわかして水アカをゆるめます。冷めたらお湯を捨てて、メッシュクロスなどで水アカを拭きとりましょう。

クエン酸
小さじ1

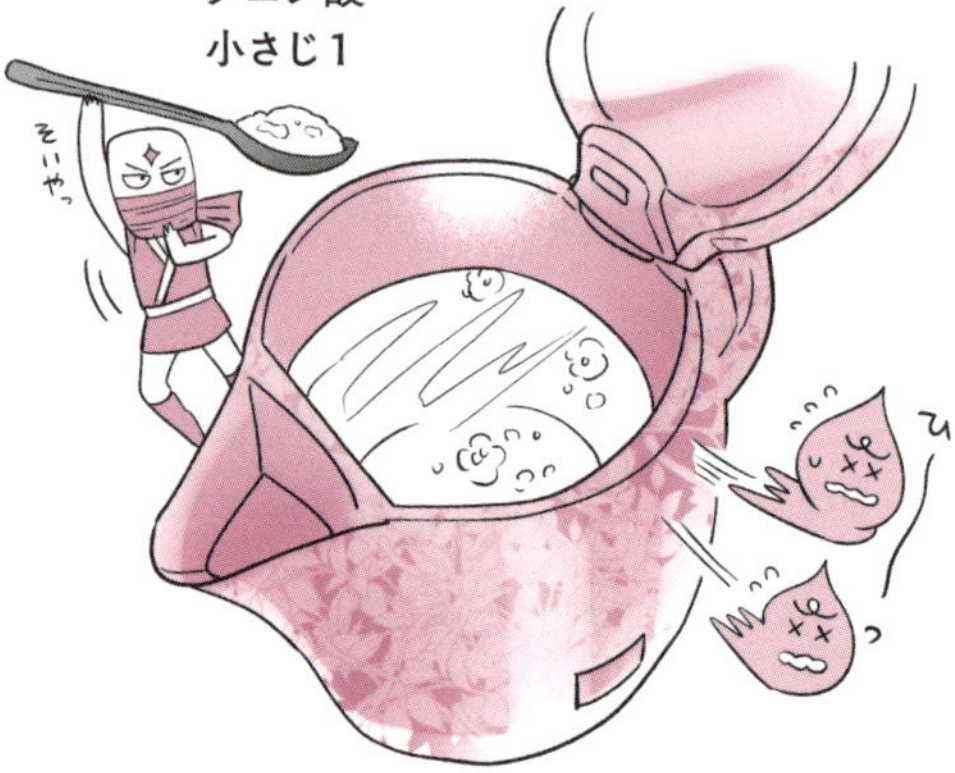

水筒

使うもの

過炭酸ナトリウム

奥まで洗いにくい水筒の除菌と漂白をいっぺんに

びん専用のブラシは、清潔に保つのが難しい。過炭酸ナトリウム小さじ1を50～60℃のお湯1ℓに入れ、部品はつけおき、本体にも注ぎます。お湯が冷めたらすすぎましょう。

過炭酸ナトリウム
小さじ1

部品は全部はずしてボウルで

ホットプレート

使うもの
石けん、
アルコール水、
過炭酸ナトリウム

使ったら熱いうちに紙や布で拭きとろう

紙や布で汚れを拭きとり、食器と同じように洗います。本体はアルコール水をキッチンペーパーにスプレーして拭きとって。プレートのひどい汚れは過炭酸ナトリウムの〝お風呂〟につけて（→P109）。

食器と同じように洗う

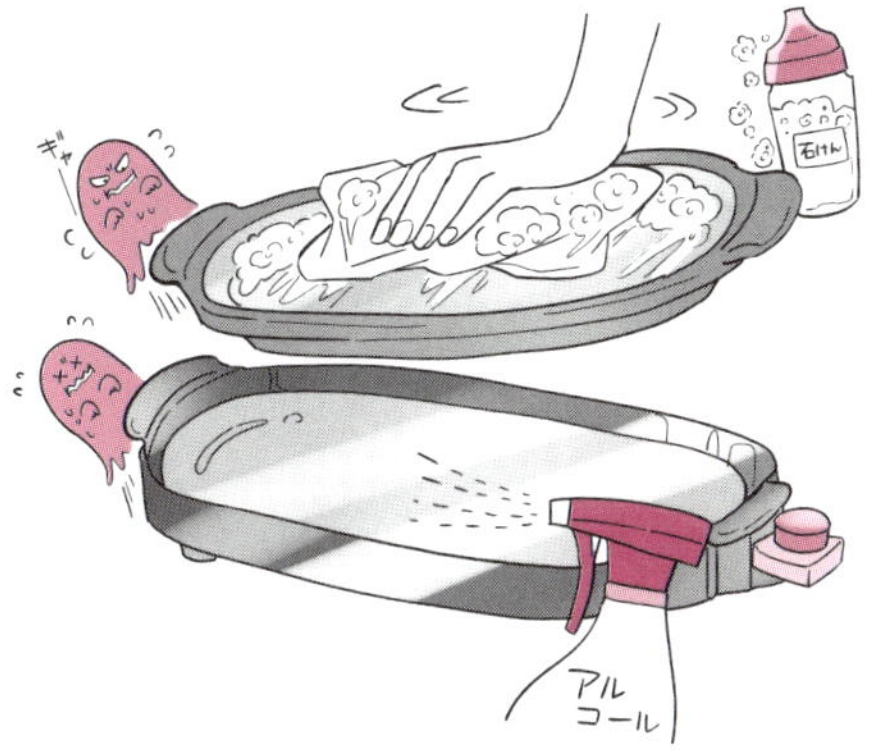

フードプロセッサー

使うもの
過炭酸ナトリウム

細かい部品に付着した汚れはつけおきで

フードプロセッサーの部品は洗いにくいものが多く、かたまって落ちにくくなる汚れも。その場合、パーツをボウルに入れて、過炭酸ナトリウム小さじ1とお湯1ℓでつけおき洗いを。

過炭酸ナトリウム
小さじ1

調理道具の洗い方

お手入れをラクにする最大のポイントは、洗いにくそうなものは買わないことです。選ぶなら、熱とアルカリに強く、凹凸や溝が少ないものを。

キッチンばさみ

食洗機に入れて洗うと簡単に除菌ができる。

キレイを保つ選び方

はさみの刃がはずせると接合部分もキレイに

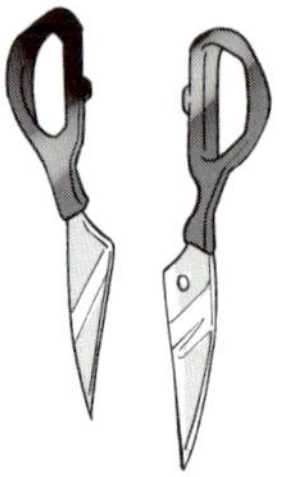

ざる

汚れがたまりやすく、乾燥しにくい構造なので、できるだけ早く洗う。汚れが付着しているときは過炭酸ナトリウムでつけおき洗いを。

キレイを保つ選び方

ステンレスで、継ぎ目の少ないデザインを

まな板

洗ったあとに熱湯をかけて天日干しを。黒ずみが気になるときには、過炭酸ナトリウムをとかしたお湯をキッチンペーパーにしみこませてパック。

キレイを保つ選び方

食洗機で洗えるサイズと素材がいい

サラダスピナー

細かなざる状の部分に汚れが残りやすいので、使ったら過炭酸ナトリウムにつけおきする。水ですすぎ、しっかり乾かしてから片づける。

キレイを保つ選び方

分解して洗えるもの、できれば食洗機に入れられるものを

包丁

使ったあとはすぐに石けんで洗い、すすいで乾燥させる。柄の部分が木でできていると、湿って雑菌が繁殖しやすくなる。

キレイを保つ選び方

オールステンレスで凹凸の少ないものを

竹ざる、せいろ

木製の調理道具は長時間水につけるとゆがむ。使い終わったらすぐに洗って拭き、陰干しで十分乾燥させる。通気のいいところに保管。

キレイを保つ選び方

上記のケアができな場合は使わない

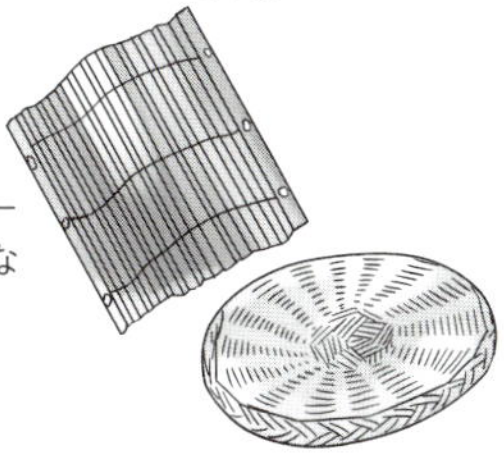

中華鍋

アブラ汚れを拭きとり、石けんで洗う。水がついているとサビになるので、加熱して完全に乾かす。

キレイを保つ選び方

持ち手もすべて鉄で、継ぎ目のないものを

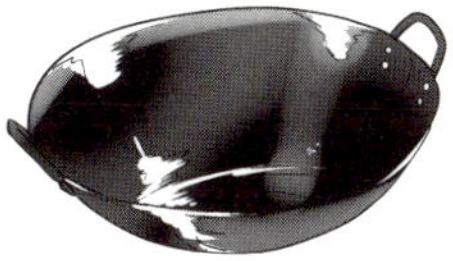

プラスチック容器

アブラ汚れがとれにくいので、先に重曹か過炭酸ナトリウムをとかしたお湯につけてから、石けんで洗う。

キレイを保つ選び方

食洗機に入る耐熱温度の高いものを。耐熱のガラス容器のほうがおすすめ

フッ素樹脂加工フライパン

汚れがひどい場合には、先に重曹をとかしたお湯につけて汚れをとってから、石けんで洗う。煮洗いは不可。

キレイを保つ選び方

フライパンのフチや持ち手に継ぎ目が少ないものを

ゴミ箱

ふた部分が汚れやすいのでアルコール水で拭く。ゴミを出すタイミングで内側にもアルコール水をスプレー。

キレイを保つ選び方

プラスチック製はにおいを吸収しやすい。ステンレス製がおすすめ

鍋

焦げついた鍋に、重曹大さじ１を入れて沸騰直前で火を消す。冷めたら水を捨て重曹をクレンザーとして追加しこすり洗い。

キレイを保つ選び方

ホーロー鍋、ステンレス鍋には使えるが、アルミ鍋は変色する。気になるならアルミ鍋は使わない

PART 5

浴室&洗面所、カビ知らず

目には見えませんが、
空気中にはカビの胞子や雑菌が浮遊しています。
その多くが浴室出身。
浴室にカビが生えていない家庭では
空気中のカビも少ないそうです。
もしかしたら私たちは、お風呂に入ったとたん
カビのシャワーを浴びているのかもしれません。
カビを育てて退治して……を繰り返すのではなく
カビの生えにくいバスルームにしませんか？

カビ、菌、水アカ、アブラにホコリ汚れの種類が多彩でガンコ

汚れの性質を見極めた洗剤選びが「安心なキレイ」をつくる

浴室でいちばん多いのは角質（アカ）、つまり体から出る汚れです。床と浴槽にたくさんついています。ただ、これらは簡単に洗い流せます。次に多いのは水アカ。一般的な浴室用洗剤はアルカリ性のものが多く、水アカ、石けんカス、カビ・雑菌は落ちません。流しきれていないシャンプー、ボディソープは、カビや雑菌の大好物。ポカポカの水蒸気に満たされ、温度も湿度も快適です。まさに、カビや雑菌にとってはベストコンディション。そこに洋服やタオルの繊維に髪の毛が加わって、汚れはハイブリッド状態に。「じゃあ徹底的に掃除しなくちゃ！」と強力アルカリ性洗剤を手にするのは待って。浴室とは裸のおつきあいですから、使うのは肌に触れて安心な洗剤にしましょう。それは重曹。重曹は入浴剤の原料でもあり、流し残してもカビのエサになりません。水アカにはクエン酸。これも食品だから安心安全です。

浴室の汚れってどんなの？

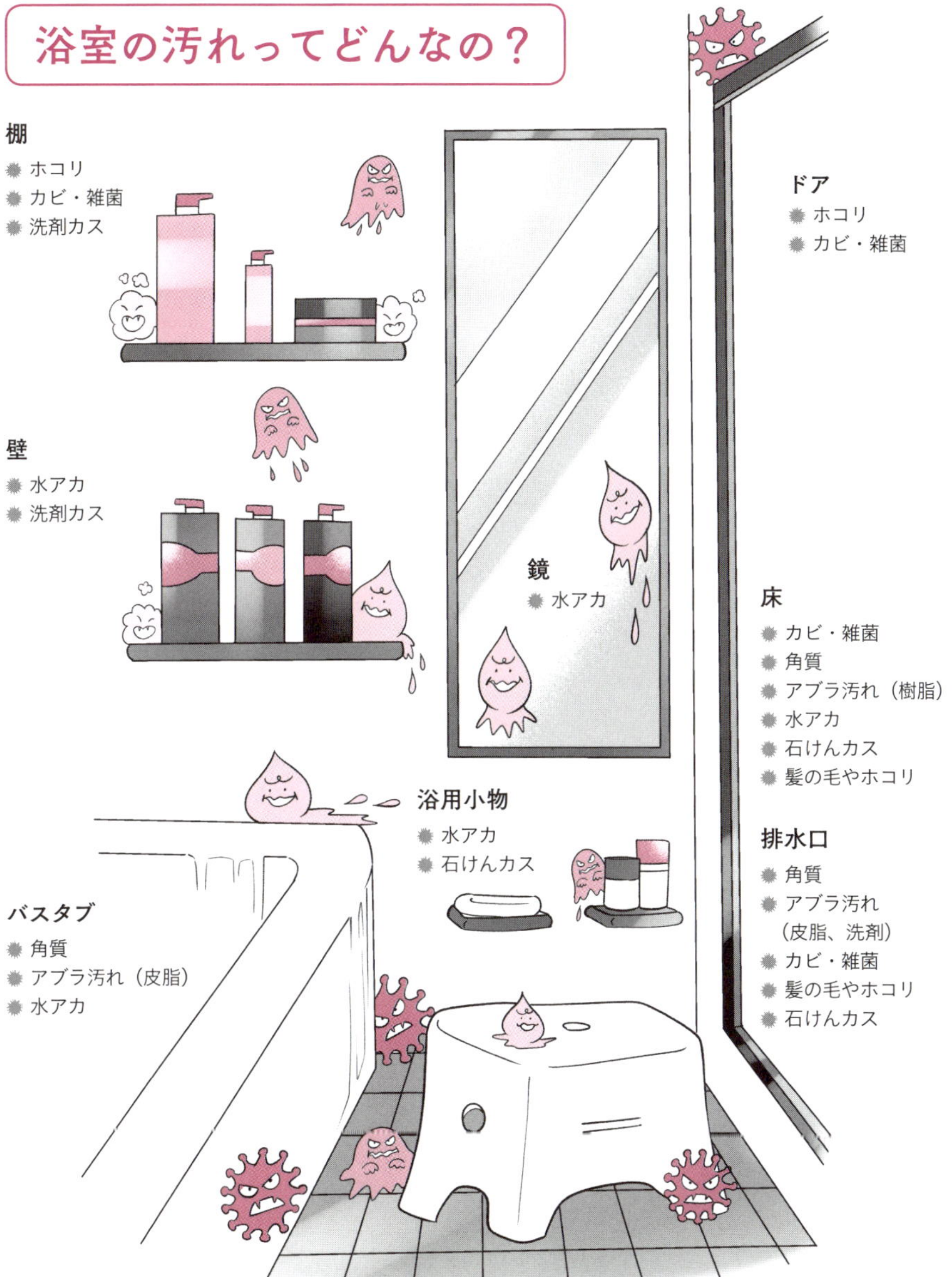

棚
ホコリ
カビ・雑菌
洗剤カス
壁
水アカ
洗剤カス
鏡
水アカ
ドア
ホコリ
カビ・雑菌
床
カビ・雑菌
角質
アブラ汚れ（樹脂）
水アカ
石けんカス
髪の毛やホコリ
浴用小物
水アカ
石けんカス
排水口
角質
アブラ汚れ
（皮脂、洗剤）
カビ・雑菌
髪の毛やホコリ
石けんカス
バスタブ
角質
アブラ汚れ（皮脂）
水アカ

浴室は家のカビを防ぐ最前線 初期設定で食い止めよう

お風呂グッズは宙に浮かせる。シャンプーボトルも追い出そう

ここまで何度も掃除には予防が大事、と言ってきました。そして、浴室以上に予防の効果がはっきり見える場所はありません。やりがいがあります。自慢するわけではないのですが（いえ、実は少し自慢ですが）、カビ予防を始めてから5年、浴室にカビが生えたことは一度もありません。大掃除も不要です。

と言っても、たいしたことをしているわけではありません。左のイラストのような、カビにとってすみ心地の悪い浴室にしているだけなのです。第一条件は、床にモノを置かないこと。浴用小物は宙に浮かせ、シャンプーも石けんも脱衣所に置いておきます。使うときだけ中に持ち込み、出るときに体を拭いたタオルでボトルの水けを拭いて、もとの場所に戻します。そして、最後に入浴した人が掃除する（これは138ページで説明しますね）のですが、何もないので簡単。3分もあれば終了です。

カビに嫌われる浴室って？

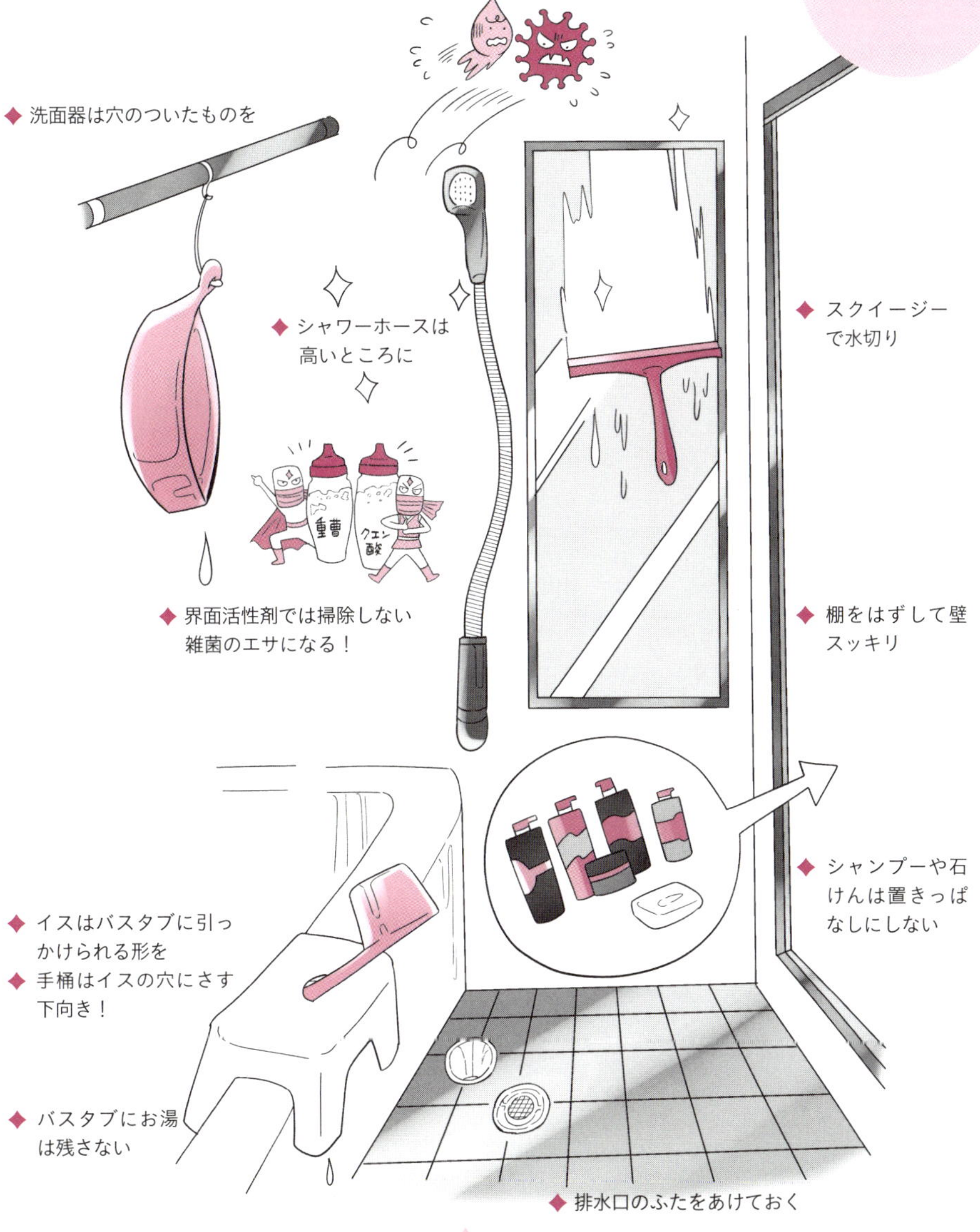
◆ 洗面器は穴のついたものを
◆ シャワーホースは
高いところに
重曹
クエン酸
◆ 界面活性剤では掃除しない
雑菌のエサになる！
◆ スクイージー
で水切り
◆ 棚をはずして壁
スッキリ
◆ シャンプーや石
けんは置きっぱ
なしにしない
◆ イスはバスタブに引っ
かけられる形を
◆ 手桶はイスの穴にさす
下向き！
◆ バスタブにお湯
は残さない
◆ 排水口のふたをあけておく

ラクにピカピカの
ルール
1

最後に入浴した人が3分間掃除をする

理由は？

◆お湯を抜いたばかりのバスタブなら洗剤不要でピカピカ。

◆水切りすることでカビ・雑菌も、水アカも予防できる。

◆毎日続けるからこそ、3分で終わる。大掃除も不要。

これが本橋家のルーティンワーク

1 バスタブの中をメッシュクロスでさっとこする

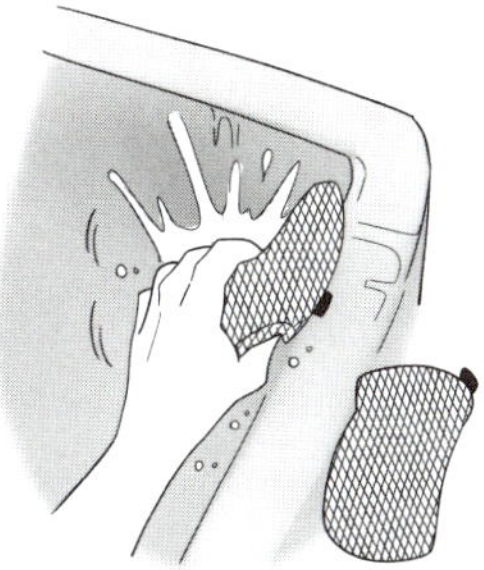

メッシュタイプの
キッチンクロスが
乾きやすい

残り湯は雑菌のもとなので、必ず抜く。使うのはスポンジではなくメッシュクロス。

2 浴室内をシャワーでざっと流す

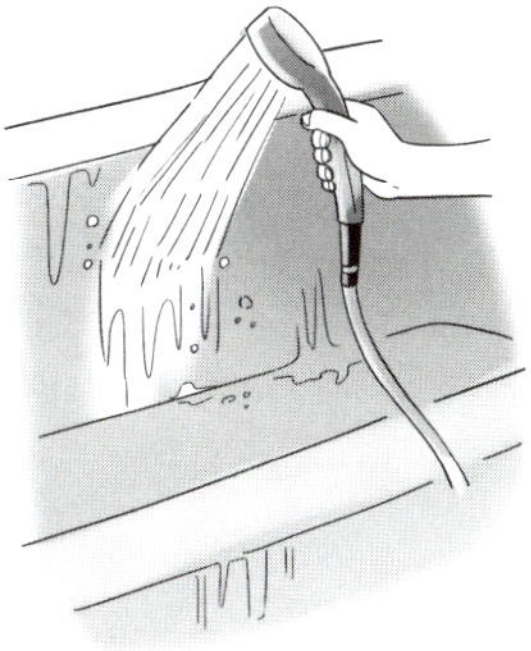

壁や床にシャンプーや石けんが残っているとカビの原因になる。バスタブを流すついでに浴室内にシャワーを。

3 スクイージーで壁と床、窓、鏡の水を切る

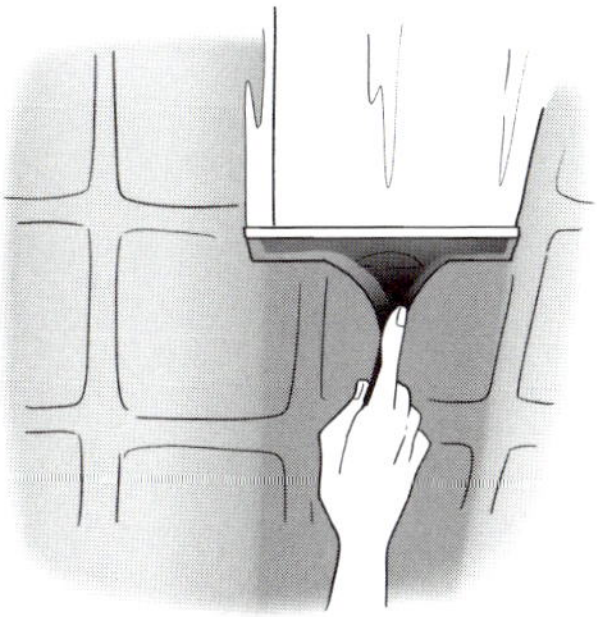

水分を切っておくことで、カビや雑菌の繁殖が防げる。水アカの予防にも効果絶大。

4 イスをバスタブにかけ、排水口のふたをあけて終了

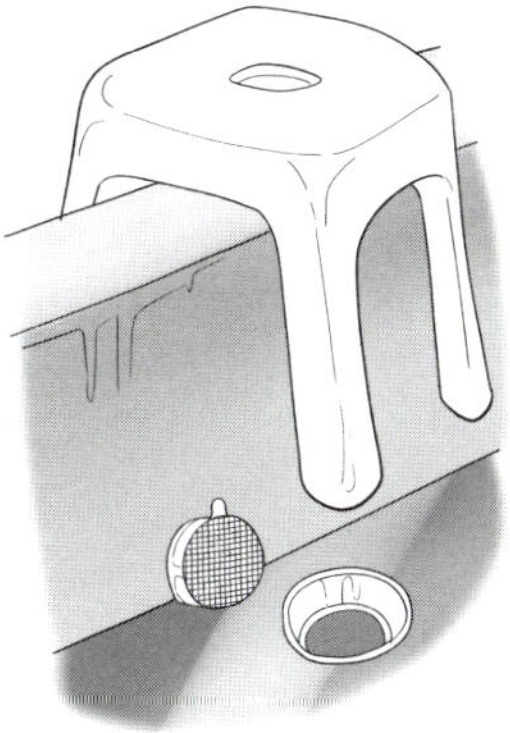

バスタブにかけられないイスなら、バスタブの中に入れておく。排水口の髪の毛は各自で捨て、できるだけ早く乾かせばヌルヌル、ドロドロにならない。

ラクにピカピカの
ルール
2

毎日の掃除に使う洗剤は重曹のみ。週1でクエン酸

理由は？

◆重曹は皮脂や角質など体から出た汚れを落とす。

◆クエン酸は水アカや石けんカスを落とす。

◆どちらも食用なので肌に触れても安心。

重曹とクエン酸はまぜちゃダメ

水アカ
石けんカス

クエン酸

で落とす

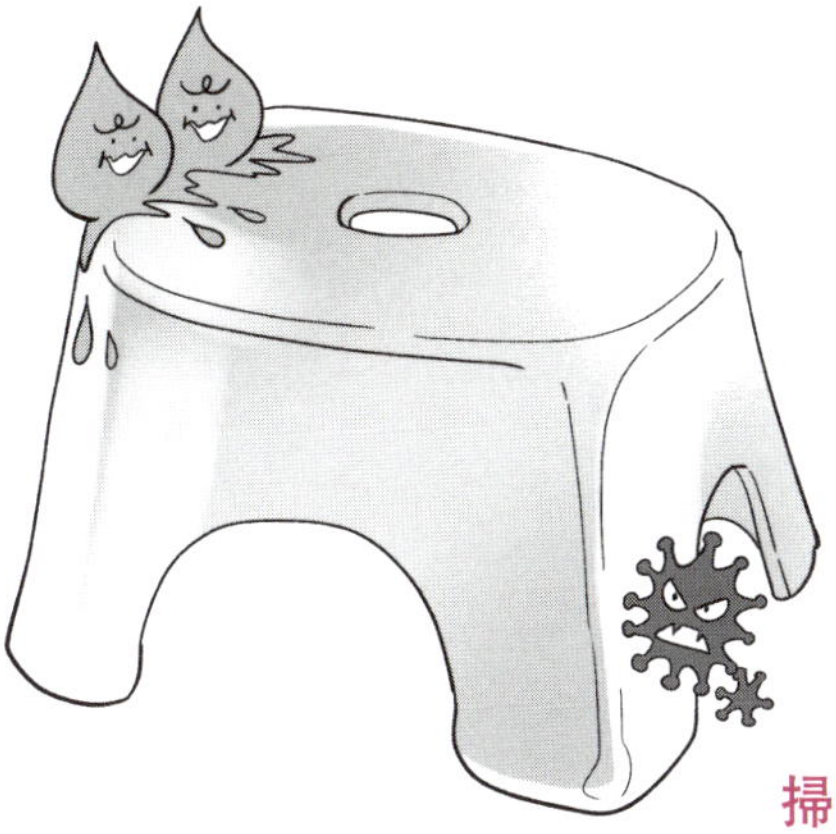

ヌルヌル汚れ

重曹

で落とす

掃除の手順

1 重曹でこする。

まぜると？

→水のような中性の液体になる
＝効果なし

浴室の2種類の汚れ 落とすときは別々に

浴室には体から出た酸性の汚れが多いもの。掃除にはアルカリ性の重曹が活躍します。石けんもアルカリ性ですが、泡の立つ洗剤はすすぎ残すと雑菌のエサになるので浴室では使いません。

水アカや石けんカスという、アルカリ性の汚れも目立ちます。鏡についたウロコのような曇りは水アカ、風呂用のイスの外側のザラザラは石けんカスです。重曹などのアルカリ性洗剤でも、泡の立つ界面活性剤でも落とせません。時間がたつとガッチリかたまってしまうので、早めに酸性のクエン酸で掃除を。と言っても週に1回くらいの頻度で大丈夫です。

なお、酸性とアルカリ性の2つの洗剤は別々に使いましょう（アルカリ性が先）。まぜると洗剤同士で中和され、効果がなくなりますよ。

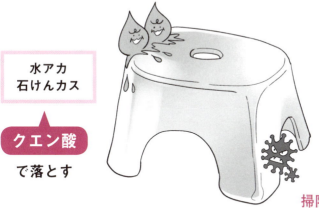

バスタブ

お湯を抜いた直後なら
メッシュクロスでこするだけでＯＫ。

重曹は入浴剤の原料。
すすぎ残しがあっても心配無用。

バスタブの外側も忘れずに洗いましょう。

使うもの

重曹
重曹水を作るよりも
クレンザーとして使うのが手軽

メッシュクロス
薄手のクロスのほうが
乾きやすい

クエン酸水
バスタブの外側に水アカや
石けんカスがついていたら、
クエン酸パックを

毎日掃除
重曹粉末をクロスにつけて角質や皮脂を落とそう

1. 水でぬらしたメッシュクロスに、重曹粉末をふりかける。
2. 重曹をクレンザーがわりにして、角質や皮脂を落とす。
3. バスタブの外側の溝は、細めのブラシでこする。

まてーっ!
水で流すので、重曹は多めでもOK
ギャー
溝はブラシで

「風呂掃除は泡」のイメージを捨てて

重曹の粉末をメッシュクロスにふりかけてバスタブをこする……と言うと、「キレイになったかどうかわからない」と心配する人がいます。確かに「泡でこすり、その泡を流す」という作業はわかりやすいですが、泡が消えても洗剤の成分が残っていることも多いものです。

バスタブのおもな汚れは、体から出る角質や皮脂が中心。メッシュクロスでこするだけでも十分落ちる汚れです。しっかりすすがないとカビの原因になる界面活性剤は不要です。

掃除をするとき忘れがちなのは、バスタブの外側です。シャンプーなどが飛び散りやすい上、水アカもつきやすい場所。重曹粉末をつけたクロスでこすり、最後には水切りも忘れずに。ガンコな水アカがついていたらクエン酸パックが効果的です。

まとめ
掃除

床の黒ずみはカビ・雑菌！重曹で掃除を

床

1. 浴室の床に重曹の粉をふりかける。
2. 浴室用ブラシでこする。壁と床の境目や溝部分を重点的に。

入浴時の床掃除のメリット

◆ 洋服がぬれることを気にせずに洗える。
◆ 使う洗剤は重曹だから、体についても心配いらない。
◆ 入浴中にちょこちょこ掃除できる。

使うもの

重曹
はちみつボトルに入れた重曹をふりかける

浴室用ブラシ
柄が短く、小さく軽く先端のとがったブラシならこすりやすい

排水口

まとめ掃除

ヘドロ汚れは物理的にとり除く

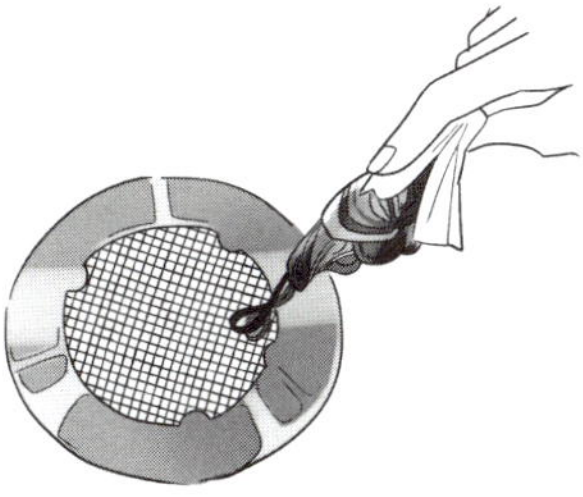

1 排水口のネットについたゴミや髪の毛をとり除く。重曹の粉をふりかける。

2 ヌルヌルや黒カビなどは、メッシュクロスでこすり洗いをして流す。

3 ネットなどのパーツに黄ばみや黒ずみがあれば、過炭酸ナトリウムでつけおき洗いする。

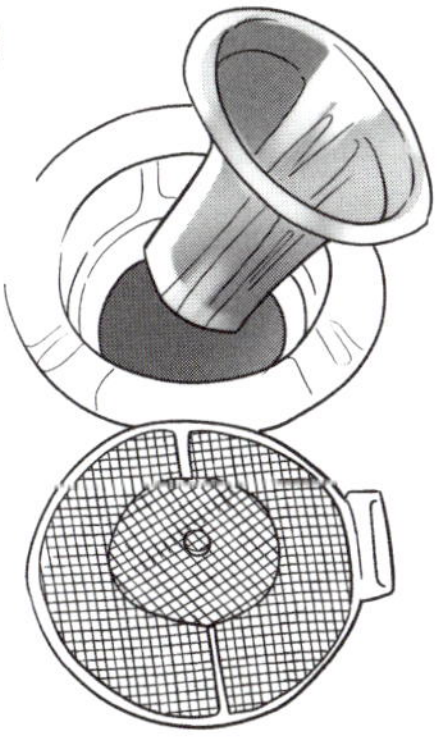

4 掃除が終わったらふたをあけたままにして完全に乾かそう。

使うもの

重曹
ヌルヌル・ドロドロは重曹の粉末でこすり洗いできる

メッシュクロス
ブラシは髪の毛がまとわりつくので不向き

過炭酸ナトリウム
パーツはつけおき洗いでしっかり除菌

鏡・蛇口・シャワー

鏡や蛇口の白い汚れは水アカ。
中性やアルカリ性の洗剤は効果ナシ。

週1回の掃除ならクエン酸水をスプレー。
月1回ならクエン酸パック。

ガンコな汚れは
水アカ専用の研磨グッズで削るしかない。

使うもの

クエン酸
水アカや石けんカスには
クエン酸パックが有効

メラミンスポンジ
クロスで拭いても落ちない
ときはメラミンスポンジで

水アカ専用の研磨グッズ
ガンコな水アカをこすりとる。
耐水性があり、
細かい目のものを使用

その他に使うもの…
キッチンペーパー、メッシュクロス、ヘラ、ブラシ、過炭酸ナトリウム

まとめ掃除

鏡や水栓にはクエン酸パックを

1. 鏡にクエン酸水をスプレーし、キッチンペーパーをはりつけて、さらにスプレーしたら10分おく。
2. ペーパーをはがし、メッシュクロスでこする。
3. 落ちなければメラミンスポンジでこする。
4. それでもダメなら、紙やすりを巻きつけたヘラでこする。

掃除用のヘラに
紙やすりを巻きつけると
こすりやすい

注意点

曇り止めなどの特殊加工が施されている鏡には、メラミンスポンジや紙やすりの使用は控えましょう。

シャワーヘッドは洗面器で

1. 洗面器にクエン酸水を作り、ヘッド部分をつけおきする。
2. ブラシで水アカをこすりとる。

シャワーホースは過炭酸ナトリウムでパック

シャワーホースの黒ずみはカビや雑菌の汚れ。お湯に過炭酸ナトリウムをとかし、キッチンペーパーを浸してパックすると除菌できる。

黒カビ対策

黒カビができてから対策するより、できる前に予防する！

できてしまった黒カビは、早めに過炭酸ナトリウムでパック。

どうしても塩素系漂白剤が必要なら、ジェルタイプを。

使うもの

重曹
黒くならないヌルヌルの段階なら、重曹クレンザーで掃除

アルコール水
高い除菌力がある。水けを拭きとってからスプレーする

過炭酸ナトリウム
黒ずみの漂白は、お湯にとかしキッチンペーパーでパック

その他に使うもの…
ブラシ、キッチンペーパー

まとめ掃除

アルコールで除菌、過炭酸ナトリウムパックで漂白を

1. 黒カビが生えた部分に重曹をふりかけ、ブラシでこすりとる。

2. ❶を水で流す。

3. 過炭酸ナトリウム小さじ1と40℃のお湯1カップ（200mℓ）を洗面器に入れ、キッチンペーパーを浸し、❷の部分をパックして漂白する（漂白なので濃いめに作る）。

塩素系漂白剤を使わなくてすむように

タイルの目地やゴムパッキンに、がっちりついてしまった黒カビ。ついたばかりなら洗い流すことができても、菌糸をのばして根を生やしてしまった黒カビを完全にとり除くことは難しいのです。アルコールは除菌力が高いですが、カビの黒ずんだ色素をとることはできません。過炭酸ナトリウムでパックをすればついてすぐの黒ずみは消えますが、塩素系漂白剤のように「真っ白」というわけにはいきません。これがナチュラルクリーニングの限界なのです。

だからといって、塩素系漂白剤をおすすめすることはできません。使用することで空気中に塩素をまきちらし、呼吸を通して体に入ってきます。どうしても使うならチューブ状のジェルタイプが効果的。でも、そんな洗剤を使わなくてすむ日々の予防こそ、私たちがすべきことです。

風呂がま・小物

過炭酸ナトリウムのお湯を循環させることで、風呂がまをスッキリ。

そのついでに、お風呂用の小物も洗って一石二鳥。

使うもの

過炭酸ナトリウム

大掃除で風呂がまを除菌するには、過炭酸ナトリウムが効果的

その他に使うもの…
クエン酸

まとめ 掃除

過炭酸ナトリウム風呂で小物も除菌できる

1. バスタブの循環口の穴の上まで水をはり、小物を入れる。
2. 過炭酸ナトリウムを2カップ入れる。
3. 追い炊きボタンを押してお湯の温度を上げ、2〜3時間つけおきする。

4. 追い炊きをしてから、お湯を流し、もう一度水を入れて追い炊きする。

風呂がまの雑菌は追い炊きで増殖する

定期的にやってほしいのが風呂がまの大掃除です。内側は見えませんが、確実に雑菌で汚れています。

残り湯は、30℃を下回った時点で雑菌の増殖が始まります。お湯に雑菌がいれば風呂がまにも入り込みますから、定期的な除菌が必要です。追い炊き機能つきの風呂なら、簡単に風呂がまが掃除できます。追い炊きすることで、過炭酸ナトリウムの入ったお湯を風呂がま内で循環させられるからです。一度排水したあとにもう一度水を入れて追い炊きするのは、すすぎのためです。

せっかくバスタブに過炭酸ナトリウムを入れたのですから、このお湯をムダにするのはもったいない。小物の除菌もいっぺんにしてしまいます。小物には水アカもついているので、最後にクエン酸パックもしておきましょう。

ドア

風呂掃除はドアを閉めてするので、ドアの汚れには気づきにくい。

浴室ドアの構造は複雑。小回りの利くブラシが大活躍。

ドアのカビ予防には、水けを拭きとり、最後にアルコール水をスプレー。

使うもの

クエン酸
浴室側は水アカや石けんカスがつくのでクエン酸が効果的

ブラシ
脱衣所側はとくにホコリがたくさん。ブラシでかきだす

アルコール水
カビ予防のためにアルコール除菌を

その他に使うもの…
メッシュクロス

まとめ
掃除

ドアだけでなく、溝という溝をしっかり拭きあげて

1. 浴室側のドアにクエン酸水をスプレーして拭きとる(ガンコな汚れなら、クエン酸パックを)。

2. ドアの溝やパッキンをブラシでこすり洗いする。

3. 水けを拭きとったら、アルコール水をスプレーしてクロスで拭きとる。

脱衣所側のドアは
ハンディワイパーで
ホコリをとり
アルコール水を
スプレーして拭く

ここも!
ドアの上部の溝
ここも!
ドア本体の溝、すき間
ここも!
ドア本体の上、横、下
ここも!
ドアの下のパッキン

換気口

浴室やトイレの換気口は、ホコリ対策が最重要。

年に一度は水洗いして天日干し。
室内の空気の流れがよくなる！

使うもの

ハンディワイパー
衣服の脱ぎ着をする場所の
換気口はホコリがいっぱい

掃除機
ホコリがたまっていたら
掃除機で吸いとる

アルコール水
カビがつきやすいので、
アルコールで除菌を

その他に使うもの…石けん、
マイクロファイバークロス

まとめ掃除

換気口をはずして水洗いしよう

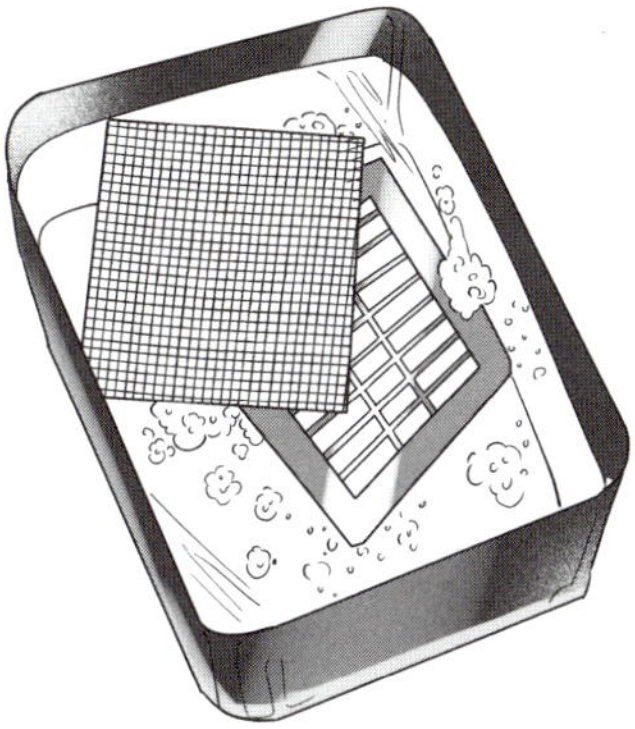

とりはずせるタイプの換気口なら、パーツを水洗い。ホコリがアブラ汚れにまじっていたら石けんで洗う。アルコール水を吹きかけてから天日で干して除菌。

毎日掃除

ワイパーで換気口のホコリをとる

毎日のホコリパトロールのついでに、浴室やトイレ、脱衣所などの換気口のホコリをとっておこう。

家じゅうの気の流れを換気口から改善する

浴室や洗面所、トイレなど衣服の着脱をする場所の換気口には、ホコリが付着しがち。ホコリだけなら、毎日のホコリパトロールのついでにワイパーで拭きとっておけばキレイを保つことができます。

浴室の換気口は、ホコリと湿気がまじりあってカビやすくなっています。月1回はフィルターをあけて、マイクロファイバークロスで拭きとっておくとスッキリします。

そして年に一度、家じゅうの換気口をはずして水洗いしましょう。終わったら外でしっかり乾かし、雑菌の繁殖を防ぐこと。アルコール水をスプレーして十分乾かしておきます。

こまめに掃除をするとホコリが減り、換気口が汚れにくくなります。換気音も静かになるから不思議です。

洗面台

毎日掃除

重曹粉末でみがき水けを拭きあげる

洗面台の掃除は、基本的に台所のシンクの掃除と同じ（→ P110）。ただ、台所と違ってしつこいアブラ汚れが少なく、水アカが多いことが特徴。

1. 重曹の粉をふりかけて浴室用メッシュクロスでこすり洗いする。

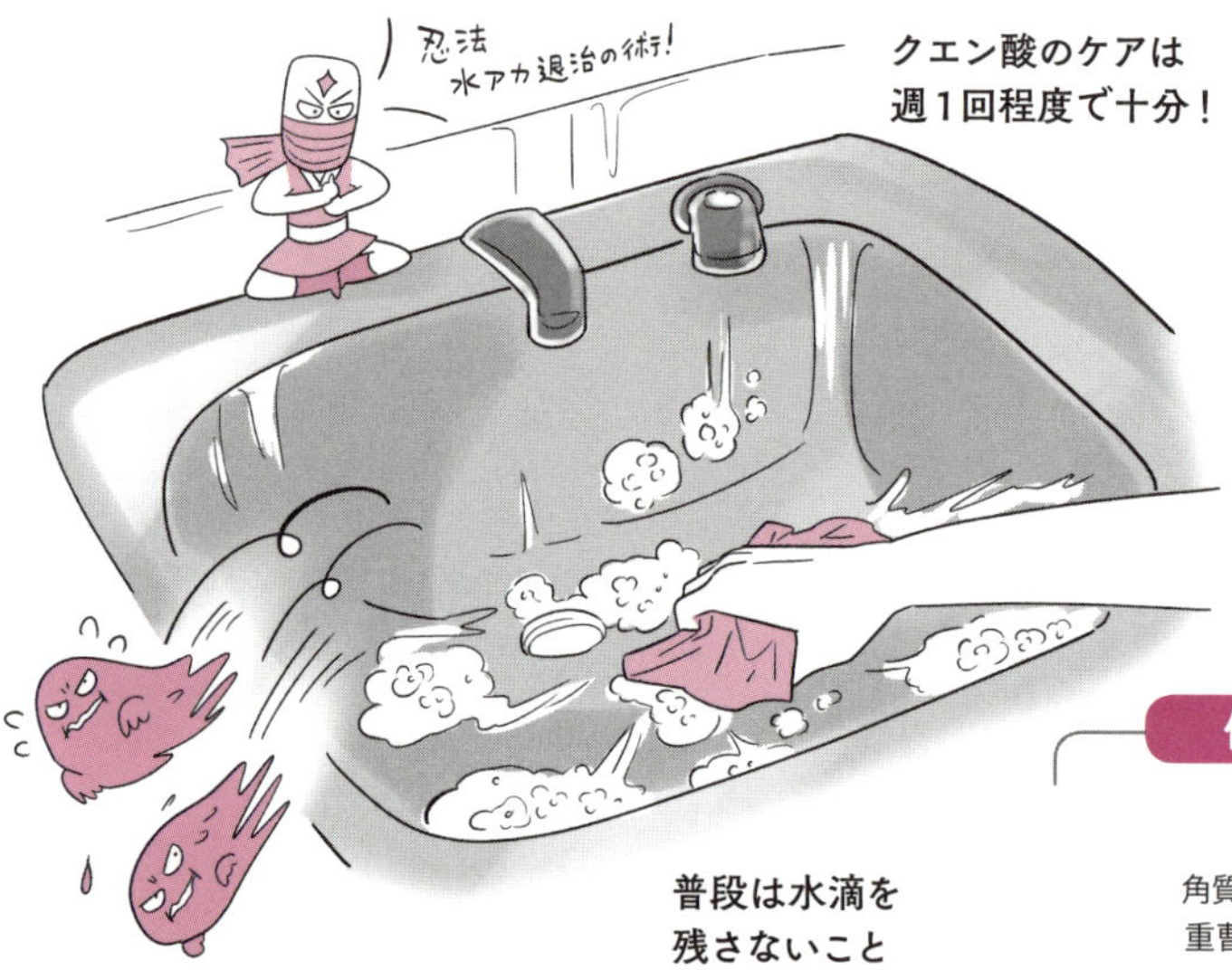
忍法
水アカ退治の術！
クエン酸のケアは
週1回程度で十分！
普段は水滴を
残さないこと

まとめ掃除

2. クエン酸水を蛇口と洗面ボウルの内側に吹きつける。
3. マイクロファイバークロスを使って水拭きをして最後に乾拭きでしっかり拭きあげる。

使うもの

重曹
角質や皮脂などを、重曹の粉で落とす

クエン酸水
蛇口や洗面ボウルの水アカや石けんカスにスプレー

マイクロファイバークロス
水滴を残さないために仕上げ拭き

その他に使うもの…
メッシュクロス

洗面台の鏡

使うもの

アルコール水、マイクロファイバークロス

水アカよりも洗剤や皮脂汚れが中心

浴室の鏡とは違い、水アカはあまりつきません。歯みがき粉や洗顔料の泡などが飛び散った汚れなので、アルコールでとれます。最後はマイクロファイバークロスで水滴を拭きとって。

洗面台の物入れ

使うもの

ハンディワイパー、アルコール水

ホコリや髪の毛が入りこみ雑菌の温床になりそう

洗面台の下は、ホコリや髪の毛が入りこみやすい場所。ワイパーでサッと拭いて、アルコールで除菌。洗剤などがこぼれていたら、拭きとってアルコール水をスプレー。

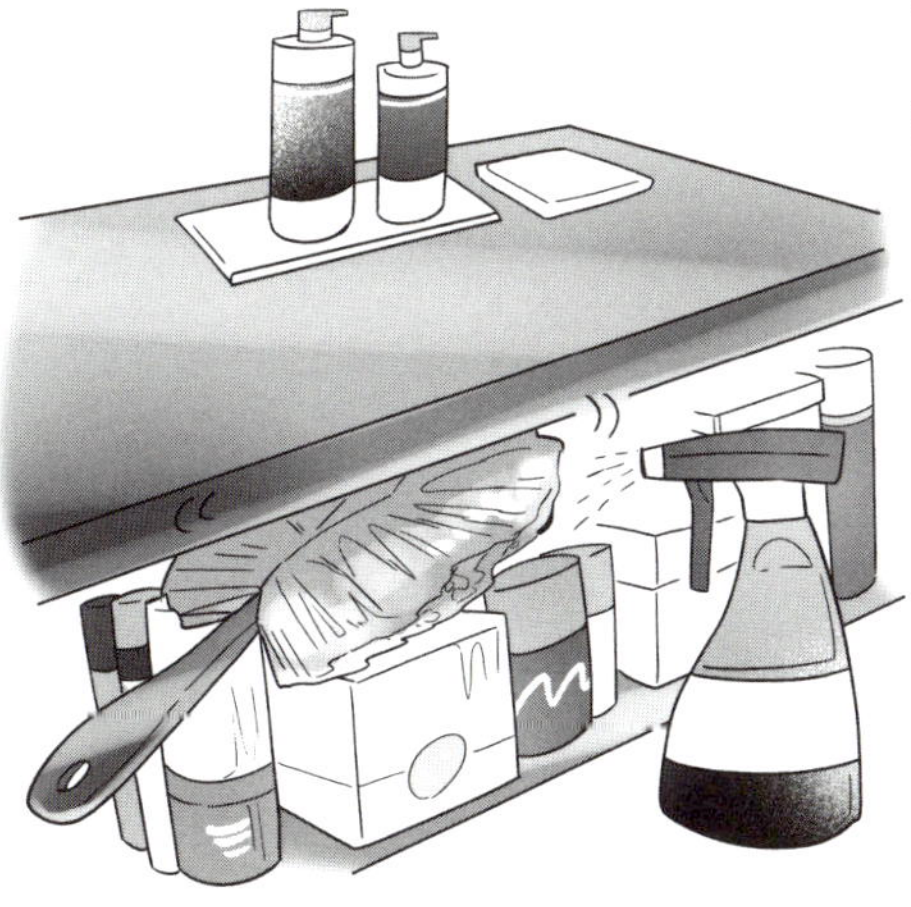

洗面所の排水パイプ

毎日掃除

詰まった髪の毛は排水パイプ専用のブラシでごっそり

「詰まった髪の毛をとかす」洗剤は強力すぎて怖い

洗面所の排水パイプは、キッチン以上に詰まりやすいもの。それは洗面台から流れていく髪の毛が原因です。重曹とクエン酸の発泡作戦（↓P114）でもとれなければ、イラストのような便利なブラシを使ってみて。「髪の毛もとかす！」というキャッチコピーのパイプクリーナーも売られていますが、手肌につくことを考えると……やっぱり怖いです。

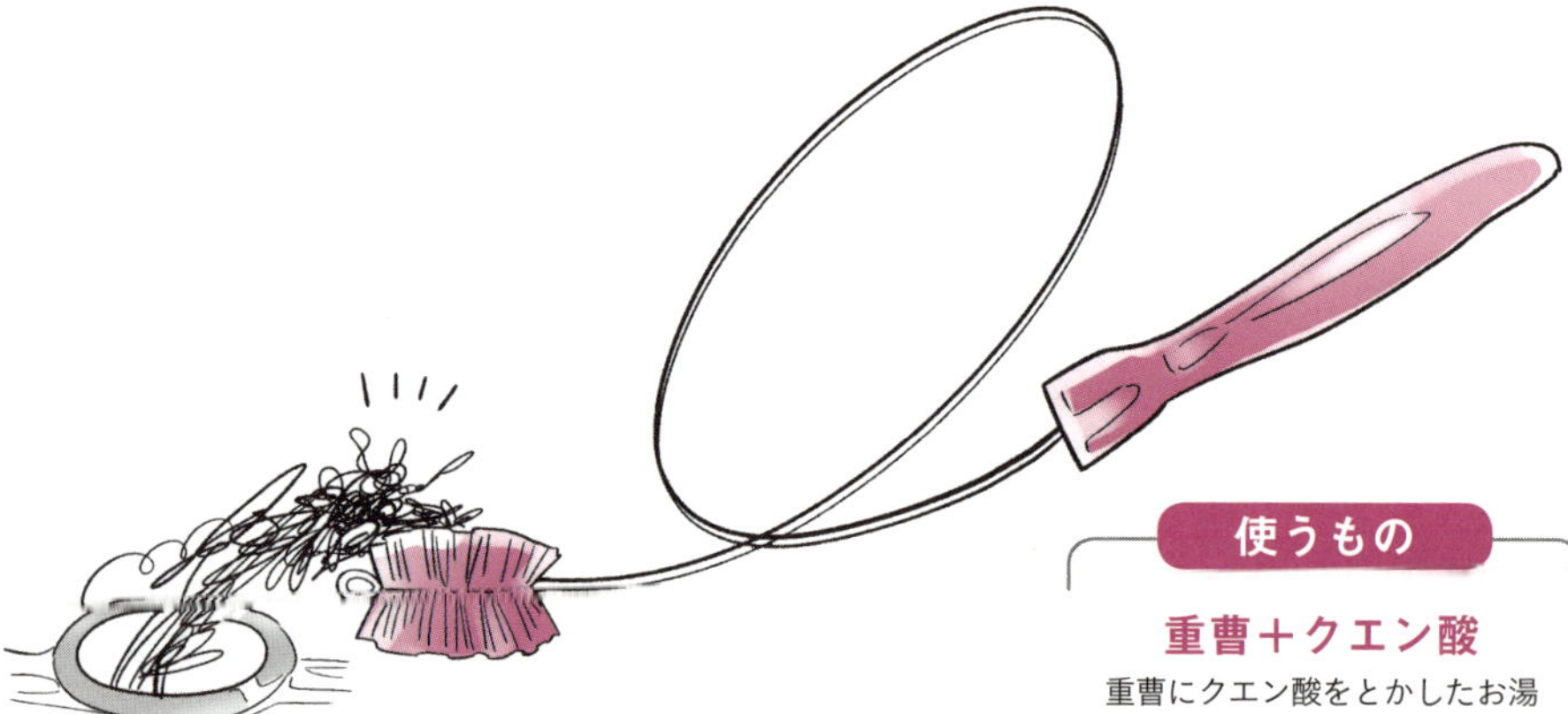

使うもの

重曹＋クエン酸

重曹にクエン酸をとかしたお湯かけて発泡させ、詰まりを流す

排水口ブラシ

排水口に詰まった髪の毛をとる道具

くし・ブラシ

使うもの

過炭酸ナトリウム

皮脂汚れをお湯とアルカリでとかして

髪の毛をとかすくしやブラシも、汚れが気になったら洗いましょう。水洗い可能であればお湯1ℓに過炭酸ナトリウム小さじ1を入れて、くしやブラシをつけておきます。皮脂汚れが落ちると同時に除菌もできます。

しばらくつけたら、
ブラシでこすり洗い

化粧筆・パフ

使うもの

石けん、
クエン酸水

メイク道具は週1回石けんで洗う

肌に触れる道具だから、最低でも週1回は洗いたいもの。固形石けんをつけて泡立てて流します。泡立ちが悪くても、数回繰り返せばスッキリ。しっかりすすいだあと1%のクエン酸水でリンスして陰干しを。

キッチンペーパーで
くるんで干すと
毛先が
広がらない

洗濯槽

洗濯槽の内側にはカビや石けんカスが大量に！

カビをしっかりとるためには、過炭酸ナトリウムとお湯が必要。

仕上げにクエン酸を入れると石けんカスが落ちる。

使うもの

過炭酸ナトリウム
除菌・漂白力のある
過炭酸ナトリウムが最適

お湯
洗濯槽掃除には、
50～60℃のお湯が必須

クエン酸
洗濯槽の水アカ、
石けんカスを落とす

その他に使うもの…
網、ブラシ、バケツ

まとめ掃除　カビが浮いてきたら丁寧にすくおう

※たて型洗濯機の場合

お湯は60℃。水しか出ないなら、バケツで風呂場から運ぶのだ

1. 洗濯機に満水までお湯をはり、過炭酸ナトリウムを2カップ入れる。
2. 1〜2分、洗濯機を回すと汚れが浮いてくるので、網などですくう。これを汚れが出なくなるまでくり返す。
3. 5時間ほど放置したら、クエン酸を柔軟剤ポケットに入れて、洗濯コースで運転する。
4. 洗濯槽にカビが残っていれば、もう一度❶－❸をくり返す。

キレイじゃない洗濯機で洋服を洗ってはダメ

洗濯機を使ったあと、すぐにしてほしいのがフィルターの掃除です。ゴミを捨ててブラシでこすり洗いし、洗濯物といっしょに乾かしましょう。洗濯機本体にホコリや洗剤がついていることもあるので、拭き掃除も忘れずに。洗濯機はふたをあけておき、内部をしっかり乾燥させます。

定期的にやっておきたいのが、洗濯槽のクリーニングです。過炭酸ナトリウムを使いますので、お湯を使うことがとても大事。水では汚れが落ちないので、お湯の出ない水栓であれば、バケツでお湯を運んでください。

黒いカビがたくさん浮いてくる場合もありますが、早めにクリーニングできていれば、白っぽいフワフワした白いアブラのような汚れが浮く程度。このタイミングでクリーニングをしたいものです。

PART 6

トイレと玄関から福を呼び込め

昔の人は言いました。
毎日トイレ掃除をすればいいお嫁さんになれる、と。
昔の人は言いました。
玄関がキレイだと運気が上向く、と。
それが真実かはわかりませんが
いろんな人が出入りして汚れやすく、
ためると掃除が大変になるこの2カ所の掃除が
いつの時代も大切だったということです。
どんなに忙しいときでも毎日掃除をする、
そう決めてみませんか？

トイレのにおいの原因は尿ハネ男性のみなさま、お座りになって

トイレの汚れの正体を見極めることで清潔に！

「トイレ掃除に酸が効く」と言われていたのは昭和中期頃。当時のトイレは和式だったので尿ハネしやすく、その飛沫の掃除が滞るとアンモニア臭を発生していました。アンモニア臭を中和して、においを消すのが酸性洗剤。バケツに酸性洗剤をとかし、壁や便器をぞうきんでキュッキュと拭くのが「便所掃除」の基本だったわけです。

時代は移り、トイレは洋式へ。尿の飛び散りは激減しました。トイレ掃除も、酸性洗剤が減り、ブラシでゴシゴシするスタイルに様変わり。これはアンモニア臭ではなく、人間の体から出る酸性の汚れを落としているのです。

でも、どんなに掃除をしてもトイレがくさいということがあれば、どこかに尿の飛沫が残っているのかも。立って用をたす男性はいませんか？　酸性洗剤以外でアンモニア臭は落とせません。汚れの種類のかぎ分けは、トイレにこそ必要なのです。

トイレの汚れってどんなの？

壁、天井
尿ハネ
流し場
水アカ
ホコリ
便座
皮脂
尿ハネ
床と便器の境目
尿ハネ
床
尿ハネ
ホコリ
便器内
カビ・雑菌（輪ジミ）
尿石
尿・便のこびりつき

尿石って？

尿の中のカルシウムがかたまったもの。飛び散った尿の飛沫などが尿石となって便器のフチや裏にたまる汚れです。

トイレ掃除にブラシは不要 ナチュラル洗剤だけで解決！

使い捨ての布はトイレ掃除のためにキープしておこう

トイレ用の専用洗剤、トイレブラシ、消臭剤。
この3つは、現代トイレ掃除の「三種の神器」と言っても過言ではないでしょう。でも私は、どれも使っていません……と言うと、「トイレブラシなしでどうやって掃除するんですか？」と驚かれます。

トイレブラシってそんなに必要でしょうか。柄の長い大きなブラシは便器の隅々に届きにくいし、置き場所もとります。そして何よりあのブラシを、清潔に保つことが至難の業なのです。使うたびに手入れをするくらいなら、ないほうがずっとラク。

便器を掃除する道具は、使い捨ての布、メラミンスポンジくらいです。便器内にたまった水のところは、過炭酸ナトリウムをパラリ。翌朝には、こすらなくても真っ白になります。トイレブラシのないトイレ、かなり快適です。

トイレの汚れ別　使える洗剤はコレ！

除菌にも皮脂汚れにも

アルコール

・トイレの床や壁などの汚れ全般
・便座やふたなどについた皮脂
・尿の飛沫などの除菌

尿石やアンモニア臭に

クエン酸

・飛び散って時間がたった尿のにおい（アンモニア臭）
・便器などに付着してかたまった尿（尿石）
・手洗い周辺の水アカ

皮脂や排泄物の汚れに

重曹

・ついてすぐの尿ハネ
・付着した便
・便座やふたについた皮脂
・便器の中のこすり洗い

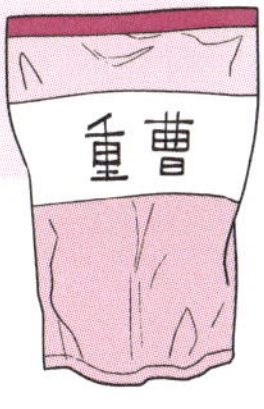

便器内の水の除菌に

過炭酸ナトリウム

・便器内の除菌

POINT

・重曹とアルコールは、ともに皮脂や尿の汚れを落とすので、どちらでも OK。
・ただし、重曹水は日持ちがしないので、スプレーとして毎日使うならアルコールのほうが手軽。

毎日の3分掃除

まずは室内掃除

使い捨て布

1. 便器以外の部分にアルコールをスプレーしながら拭いていく

いけーっ!
はっはっは!
アルコール

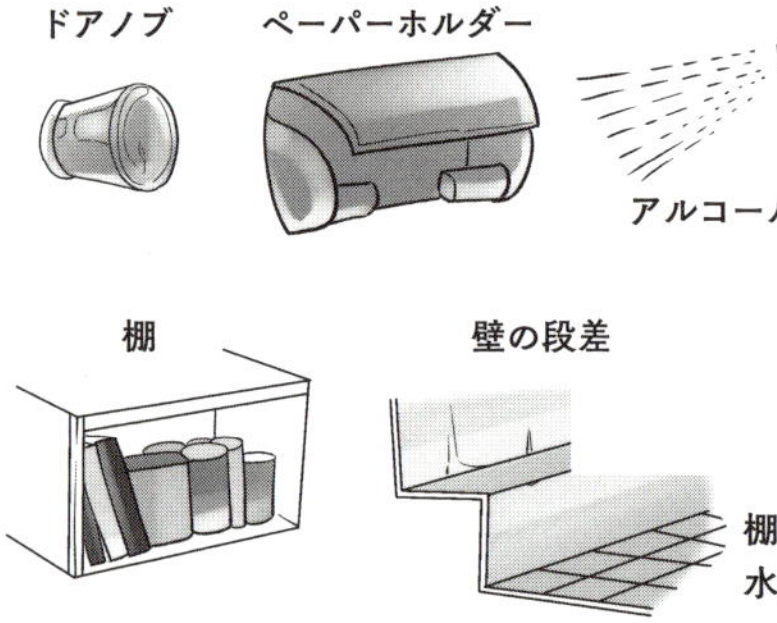

ドアノブ
ペーパーホルダー
アルコール水
棚
壁の段差
棚と壁の段差は
水拭きでOK

2. 手洗い場を拭きあげる

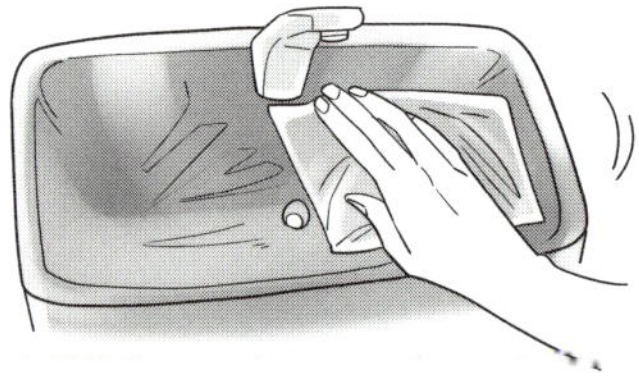

3. 最後に床と便座の下部を拭く

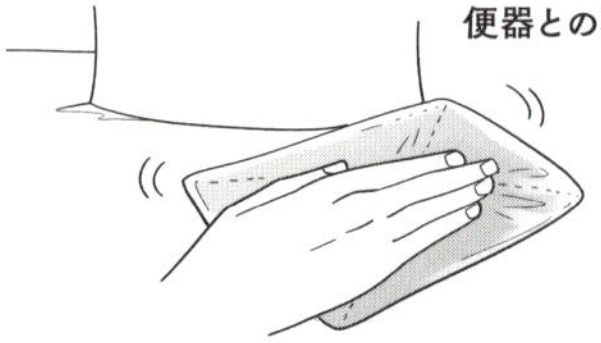

便器との境目は汚れがつきやすい

使うもの

アルコール水

除菌にも使えるので、スプレーボトルに入れてトイレに常備

使い捨ての布

フェイスタオルの32分の1サイズを1枚

いよいよ便器本体

まずは アルコールスプレー！

❶ ふたと便座を上げる

❷ 便座だけを下げる

❸ ふたを下げる

❹ ❸のままでふたの上を拭く

❺ ふたを上げる

便器内も布でこすって 終了！　これで3分

❻ 便座を上げる

便器内部

「毎日の3分掃除」をしていれば、洗剤を使った便器内の掃除は週1～2回で十分。

輪ジミは過炭酸ナトリウムパック、尿石はクエン酸パック、うっすら汚れに重曹クレンザー。

使うもの

過炭酸ナトリウム
黒い輪ジミなどの予防と除菌に

重曹
ここではクレンザーとして使う

クエン酸
尿石が気になったら
クエン酸パックを

その他に使うもの…
使い捨ての布、
トイレットペーパー

クエン酸パック

**便座の裏側にこびりついた
茶色い汚れを落とす**

1. 尿石のついた場所にクエン酸をスプレーしてトイレットペーパーをはりつける。
2. その上からさらにスプレーして5〜10分ほど待つ。
3. ペーパーをはがしたら、メラミンスポンジなどでこすり洗いする。

重曹クレンザー掃除

**便器内のどんよりした汚れを
スッキリ**

1. 使い捨ての布に重曹の粉をふりかけてこする。

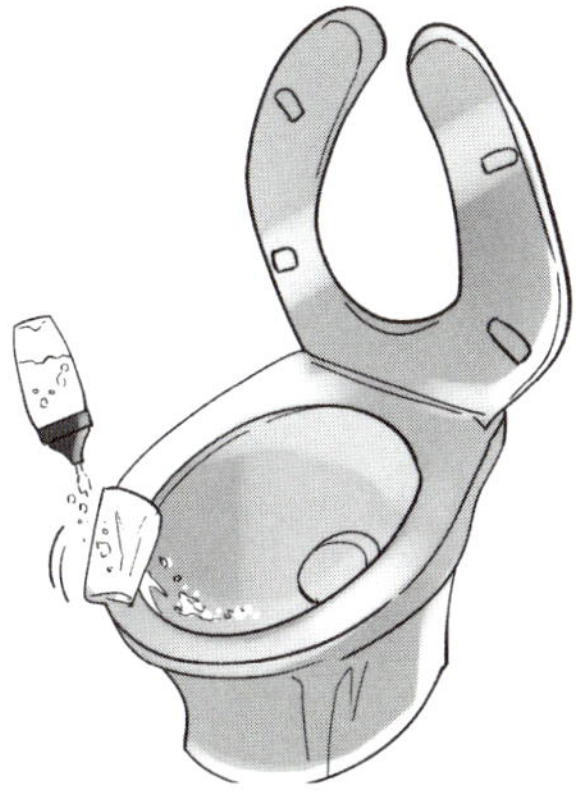

過炭酸ナトリウムパック

**夜にパックして、
朝流すだけでピカピカ**

1. 便器に過炭酸ナトリウム大さじ1を入れる。
2. その上に輪ジミを覆うようにトイレットペーパーをかぶせてパックする。
3. 朝に流す。

旅行で数日間家をあけるときにやっておくと、黒い「さぼリング」ができるのを防げます。

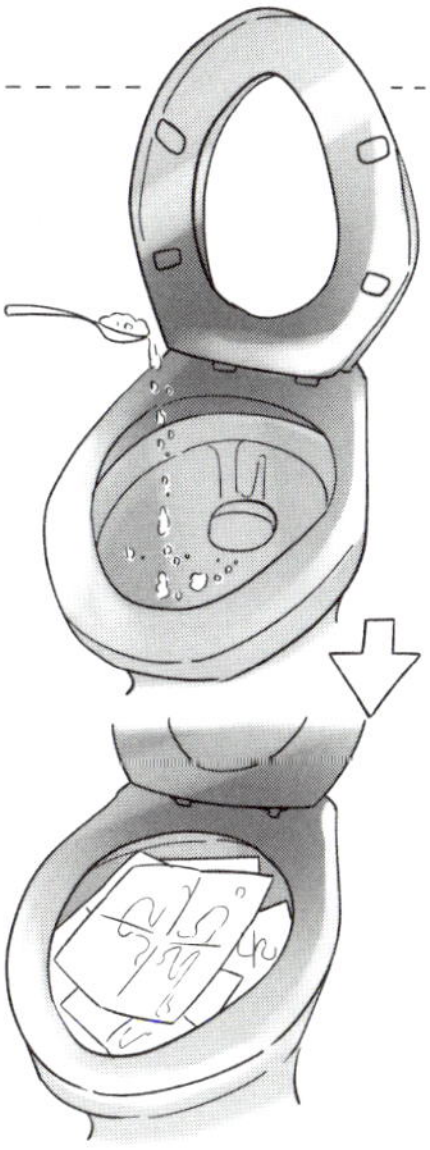

まとめ掃除　たまりがちな水アカをクエン酸で掃除

1. 手洗い全体にクエン酸水をスプレーする。
2. ぬらしてしぼったマイクロファイバークロスでしっかり拭きあげる。
3. クエン酸を残さない状態にしてから水を流す。

クエン酸が
タンクに流れると
故障の原因に！

使うもの

クエン酸水
白くガリガリの水アカがついていたら1％の濃度のクエン酸水スプレーを

マイクロファイバークロス
クエン酸をしっかり拭きとる

ノズル

毎日掃除

毎日の3分掃除のラストに拭き掃除

1. ノズルをゆっくり引き出す。
2. 全体に布で拭きとる。

トイレットペーパーや拭きとりシートを使っていい？

トイレットペーパーはおすすめしません。繊維がかたく、プラスチック（便座、ふた、シャワーノズル）を傷つけるからです。傷がつくとそこに雑菌が付着し、黒ずみの原因に。水分が蒸発した拭きとりシートは、アルコールをスプレーすれば使えます。拭きとりシートを使うなら、界面活性剤や香料が入っていないものを。

使うもの

使い捨ての布

汚れを拭きとって捨てよう

アンモニア臭

便器内を掃除してもトイレがしつこくにおうとき、原因は壁や床に！

アンモニア臭の原因は時間のたった尿ハネ。尿ハネを除去しよう。

使うもの

クエン酸
時間がたった尿汚れには酸性洗剤

ヘラ
こびりついた尿石をこすりとる

原因の汚れが見つからないときは……

ブラックライトで照らせば見える！

ブラックライトで照らすと、
尿石や尿ハネが青く光る
見つけたら
クエン酸で拭きとる
ガンコな汚れは
クエン酸パックのあと
こそげとる
布を巻きつけた
ヘラが便利

ホテルのトイレを照らしてみると……

以前テレビ番組で、「男性が立って用をたすとき、便器のどこを狙うと尿ハネが少ないか」を実験していました。結果は……何をしても毎回、頭の上まで飛んでいました。

体から出た直後の尿は、重曹水や水でもキレイにとれます。でも、気づかず1週間ほどたつとアンモニアに変わるので、悪臭がします。こうなると酸性洗剤が必要です。

尿ハネはブラックライトで照らせばすぐに見えます。「夫に見せたら座ってくれた」「息子が掃除するようになった」などの声も多いものです。私は仕事柄、ブラックライトを出張に持参するのですが、一度好奇心でホテルのトイレを照らしてみました。その結果は……とても後悔しました。

玄関の汚れに洗剤はいらない。掃除機に活躍してもらおう

家の顔でもある玄関だから、毎日スッキリさせたい

洗剤のいらない汚れの代表がホコリですが、ほかにも砂や土、泥も洗剤不要。洗剤を使っても汚れ落ちに差はありませんし、水でぬらすと拭きとりが大変。玄関、ベランダ、窓など外と接している部分の汚れは、そのままの状態で物理的にとり去ることを考えてください。

「ということは、外用のほうきですね！」と聞かれることも多いですが、実はおすすめしません。砂ボコリを舞い上げず掃除をするにはテクニックが必要です。そもそも外用のほうきって持っていますか？　買っても置く場所がありますか？

私がおすすめしているのは、紙パック式の掃除機です。サイクロン式の掃除機だと掃除機のお手入れが大変ですが、紙パック式なら心配無用。ノズルだけ玄関や外専用のものを購入して、つけかえて使うのがいちばんラクな方法だと思っています。

玄関の汚れってどんなの？

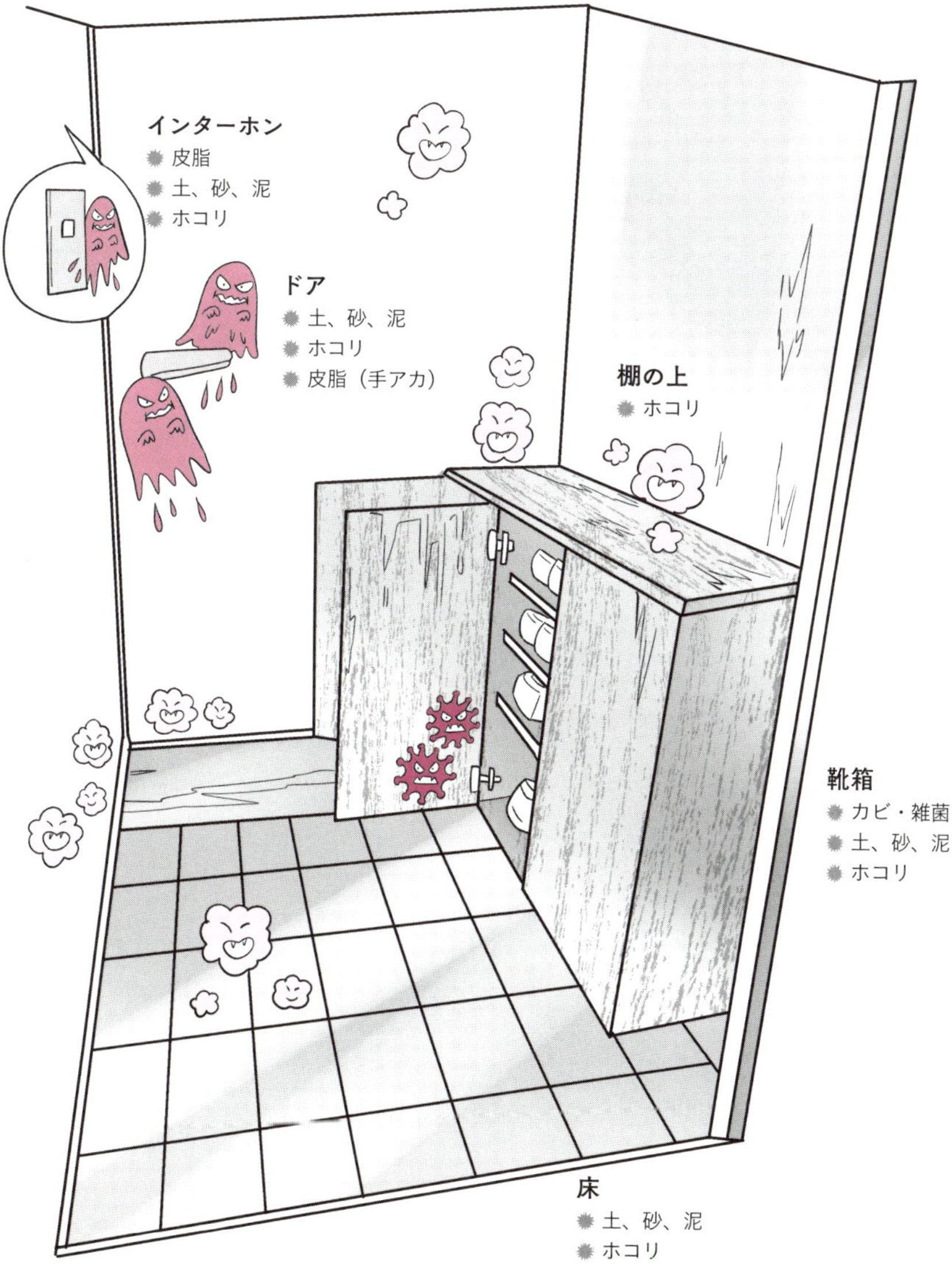

毎日の3分掃除

まずは掃除機をかける

1. 紙パック式掃除機のノズルを「玄関用」につけかえる。

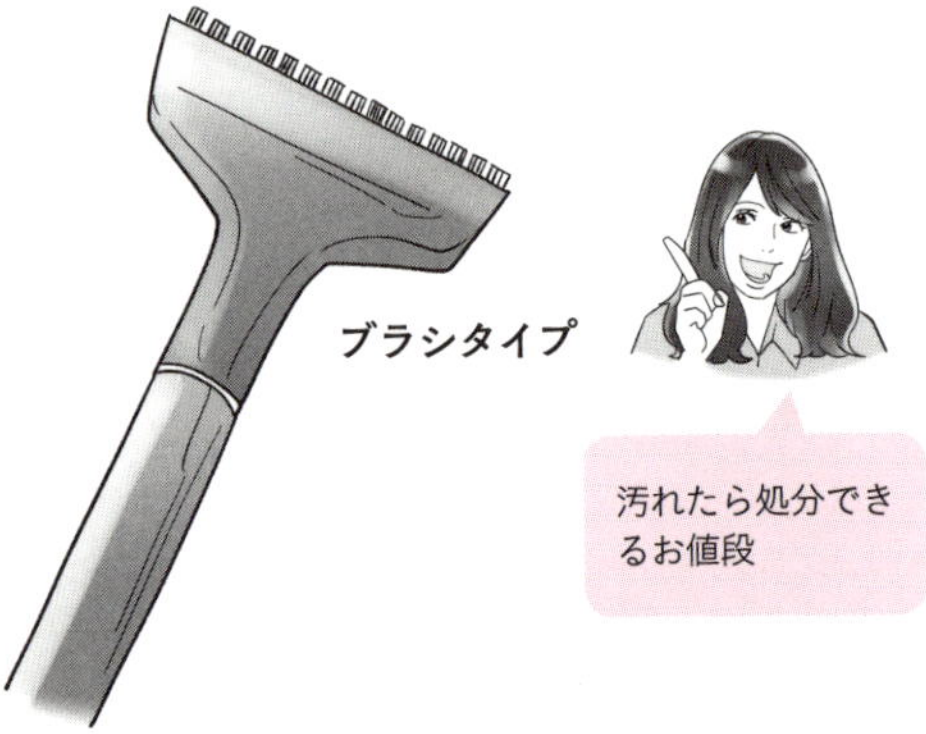

2. たたきに掃除機をかける。

3. そのまま玄関の外側までかけてしまう。

使うもの

紙パック式掃除機
砂や土を吸引しても
紙パックに収まるので安心

玄関用ノズル
ノズルだけは
玄関用につけかえる

その他に使うもの…
使い捨ての布

次は拭き掃除開始！

1 使い捨ての布を水でしぼる。

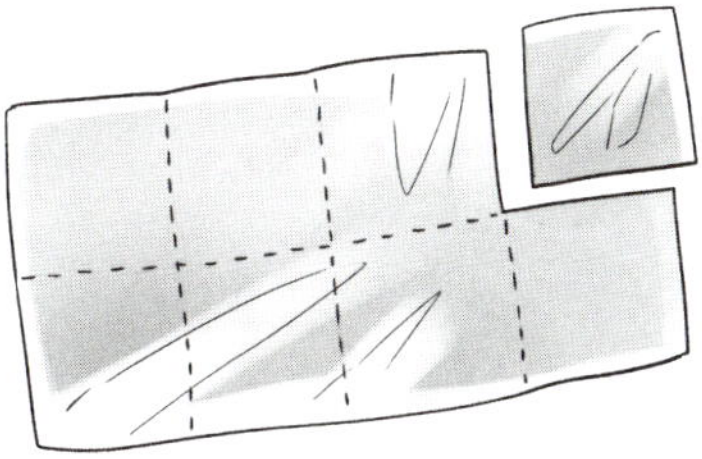

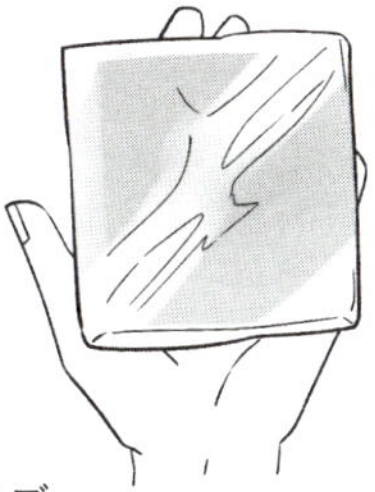
このくらいの
サイズ

古タオルなど。サイズはフェイスタオルの1/8。

2 玄関のドアノブ、棚、玄関のあがりかまちなどを、布で拭く。

3 最後に内側のたたきを拭いて終了。

砂や
泥だけなら
水拭きでOK

POINT

- 玄関に靴を出しっぱなしにしない。靴がないと掃除がラク。
- 雨のあと、泥のような足跡がついてしまったら、水を流してブラシかスポンジでこすり洗いを。

玄関ドア

外側は砂ボコリ、ドアノブはたくさんの手アカ。かなり汚れています！

基本は水拭き。皮脂汚れの部分にはアルコール水をスプレー。

使うもの

アルコール水
ドアノブやインターホンの皮脂、手アカに

マイクロファイバークロス
ケバ立ちが少ないので仕上がりがキレイ

毎日掃除

余裕のある日は3分掃除を少し丁寧に

1. ドアノブに汚れが目立っていたらアルコール水をスプレーしてマイクロファイバークロスで拭きとる。
2. インターホンは、水でぬらしてかたくしぼったマイクロファイバークロスで拭き掃除を。
3. 最後に水でしぼったマイクロファイバークロスで、ドアの内側、次に外側を拭く。

家に帰って最初に触れる場所だからこそキレイに

開運にいちばん効果があるのは掃除だそうです。運気がよくなっているかはわかりませんが、気持ちいいことだけは確かです。

お客さまのために……というのもあるかもしれませんが、私は家族と自分のために掃除をします。仕事や学校から帰ってきたとき、わが家で最初に見るのが玄関。最初に触れるのが玄関ドアのノブ。ここがキレイだとホッとできるのです。

朝の掃除は基本3分ですが、余裕があれば5分から10分ほど時間をかけます。玄関を入ってすぐに階段なので、階段の上から拭き掃除を始め、最後に玄関を拭きます。それから玄関のたたき。ここまで拭くと、家の空気の流れがよくなった気がします。

やっぱり運気が上がりそう!? そう思えることが幸せなのです。

靴箱

毎日掃除 普段は掃除機でホコリを吸う

毎朝の掃除のついでに掃除機をかける。靴の裏が汚れていたら、使い捨ての布で拭いてから片づける。

まとめ掃除 ときどきアルコールで除菌

湿気があると革靴にカビが生えることも。拭き掃除が必要なときは、乾いた布にアルコール水を吹きつけて、拭きとる。

使うもの

アルコール水
湿気がこもってはいけないので揮発性の高いアルコールを

使い捨ての布
乾いたまま使う

紙パック式掃除機
ホコリや砂などを吸いとる

運動靴・上履き

汚れた布靴を見つけたら洗っちゃえ

1 バケツに湯6ℓを入れ、過炭酸ナトリウムと石けん各大さじ1を入れて1時間ほど靴をつけおき。

2 ブラシに石けんをつけ、靴をこすり洗いしてしっかりすすぐ。

3 石けんのすすぎ残しがあると黄ばむので、バケツに湯を入れクエン酸小さじ1をとかし、靴を入れてつける。

※色落ちしない物、白い靴のみ。革素材は水洗い不可。

使うもの

石けん
皮脂の汚れを落とすのに最適な洗剤

過炭酸ナトリウム
漂白力が強いので靴の黒ずみをスッキリ

クエン酸
石けんをしっかりすすぐためのリンス効果が

その他に使うもの…
ブラシ

窓ガラス

- 窓の外側は排気ガス、内側は手アカ。窓のアブラ汚れには重曹が効く。
- 日差しが強いと乾きが早く、重曹の粉が浮くことも。仕上げの水拭きも必要。
- 結露しやすい窓はカビが生えやすいので、アルコール水をスプレーして拭きとる。

使うもの

重曹水
1%の重曹水をスプレー

マイクロファイバークロス
窓拭きには欠かせない便利な道具

スクイージー
一気に窓ガラスの水を切るのに便利

その他に使うもの…
アルコール水

まとめ掃除　重曹水をスプレーして窓をぬらし、スクイージーで水切りを

右利きの人は
手は右から左へ
右側の窓から拭くと
スムーズ

窓の内側

1. 重曹水をスプレーボトルに入れて窓全体にスプレーする。
2. スクイージーをかけて乾いたマイクロファイバークロスで水分を拭きとる。
3. 結露しやすい窓にはアルコール水をスプレーして拭きとる。

水とスクイージーだけでも
けっこう落ちる

窓の外側

1. 水をかけてスクイージーで砂・泥を流す。
2. 水をはじくアブラ汚れは、重曹水に浸したマイクロファイバークロスで拭く。

ベランダ

まとめ掃除

定期的にベランダのゴミを吸いとろう

ベランダも掃除機が便利

砂ボコリや落ち葉だけでなく、洗濯物から落ちるホコリも多い。

ベランダ用のノズルはブラシタイプがいい

泥は、水をまいてブラシでこすり洗いを

浴室で使うのと同じ

使うもの

紙パック式掃除機
ベランダ用のノズルをつける

浴室用ブラシ
柄の短いブラシをベランダ用に

サッシの溝

まとめ掃除

天気のいい日にまとめてやると気持ちいい！

1. 2ℓのペットボトルに水をくみ、サッシの溝に水を流す。
2. ブラシで砂ボコリや泥、ホコリをかきだす。
3. さらに2ℓの水を流して、汚れを押し流す。
4. 最後にマイクロファイバークロスで拭きあげる。

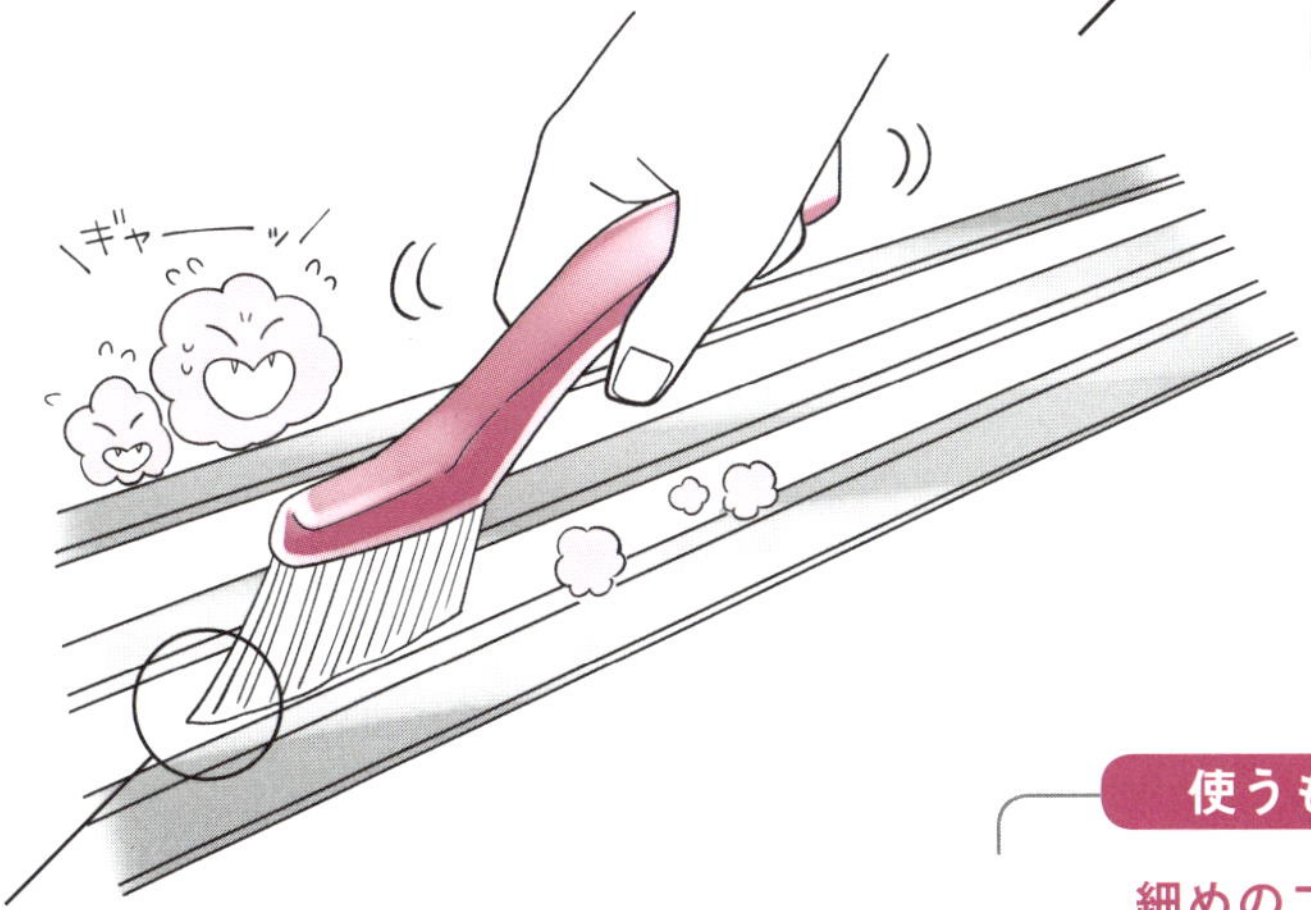

砂やホコリだけなので、洗剤はいりません！
ギャーーッ
先端が斜めに突き出たブラシを使って

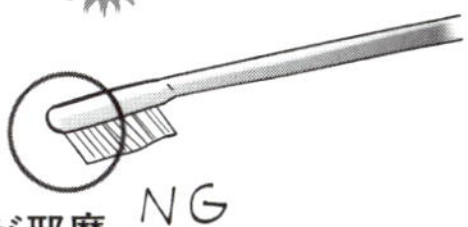

NG 歯ブラシはダメ
ここが邪魔
NG

使うもの

細めのブラシ
先端が前に出ているタイプ

マイクロファイバークロス
最後の拭きとりに使用する

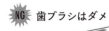

網戸

あたたかい日と寒い日では、汚れの落ちやすさが違います。

片側から網戸を押すとたわむので、2枚のクロスで挟み、均等に力を入れて拭く。

使うもの

重曹水
1%の重曹水をバケツにたっぷり作ろう

マイクロファイバークロス
極細繊維で網戸の狭いすき間の汚れもキャッチ

まとめ
掃除

クロス2枚で網戸をサンド。上から下に動かす

1. バケツに1%の重曹水を作り、マイクロファイバークロスをぬらしてしぼる。
2. クロスを両手に1枚ずつ持ち、網戸の内と外で挟み、網戸の上から下に向かって拭く。

網戸の枠も
忘れずにね

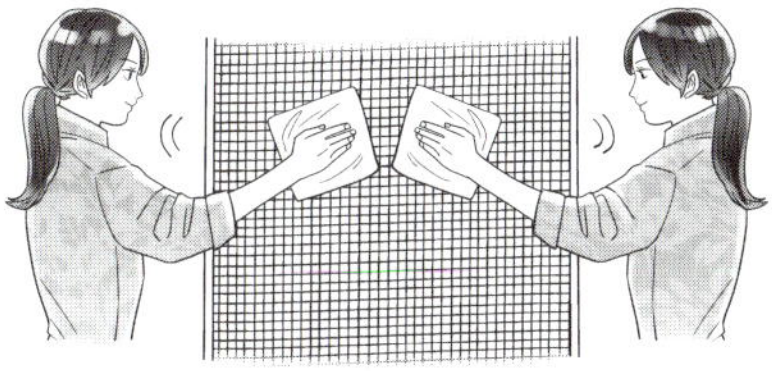

こっちからと　こっちから

砂ボコリ、花粉、アブラ…網戸は汚れています

室内と外をさえぎりながらも、空気を通す網戸。内側と外側の両方の汚れが付着します。しかも網目が細かいので、汚れが入りこんでとれにくくなるのです。

「年末の大掃除でキレイにする」という人も多いかもしれませんが、網戸が活躍する時期は夏。冬に一度掃除するだけでは、夏までにまた汚れがつきます。しかもガンコな汚れは、冬の気温では落ちにくいもの。

大掃除するなら初夏の天気のいい日がいいですね。重曹水に浸してしぼったクロスを2枚使い、挟んで拭くと網がゆがみません。クロスは10～20枚用意して、汚れたらどんどん替えて使います。終わったら洗濯機でまとめ洗いすればラクラク。一度キレイにしてしまえば、次に拭くのはもっとラクです。網戸を使う時期は、月に1～2回拭きましょう。

PART 7

リビングと寝室を、ここちよく

心のスイッチをオフにしたときに
空気がキレイであってほしい。
誰のためでもなく、自分のために。
今日の私、お疲れさまでした。
明日の私、またいっしょにがんばろう。
そう思えるのは、きっと
大好きな部屋でくつろげるから。
ここちよい時間を過ごすために
日々の掃除はあるのです。

リビングの汚れはキッチンから、寝室のカビ菌は浴室から

「キレイ」も「キタナイ」も実は連鎖しています

リビングルームのキレイを保ちたかったら、キッチンの換気扇をピカピカにしましょう。寝室にひそむアレルゲンをなんとかしたいなら、まずは浴室のカビや雑菌を撲滅しましょう。家じゅうの汚れはすべて連鎖しているのです。

キッチンの換気扇の掃除を怠ると、汚れた空気を吸いこんでくれなくなります。キッチンで発生したアブラや蒸気はリビングや廊下に広がり、床や壁に付着したり、ホコリをこびりつかせたり、エアコンのフィルターをふさいだりします。浴室のカビや雑菌も、空気中を浮遊して家の中の「湿りけがあり、汚れがあり、ちょっとあたたかい場所」を探してすみつきます。たとえばクローゼットや押し入れや、北側の窓に。

キタナイは連鎖します。同じようにキレイも連鎖します。ここまでご紹介した掃除を試してみたら、それだけでリビングも寝室もキレイになるかもしれません。

リビングの汚れってどんなの？

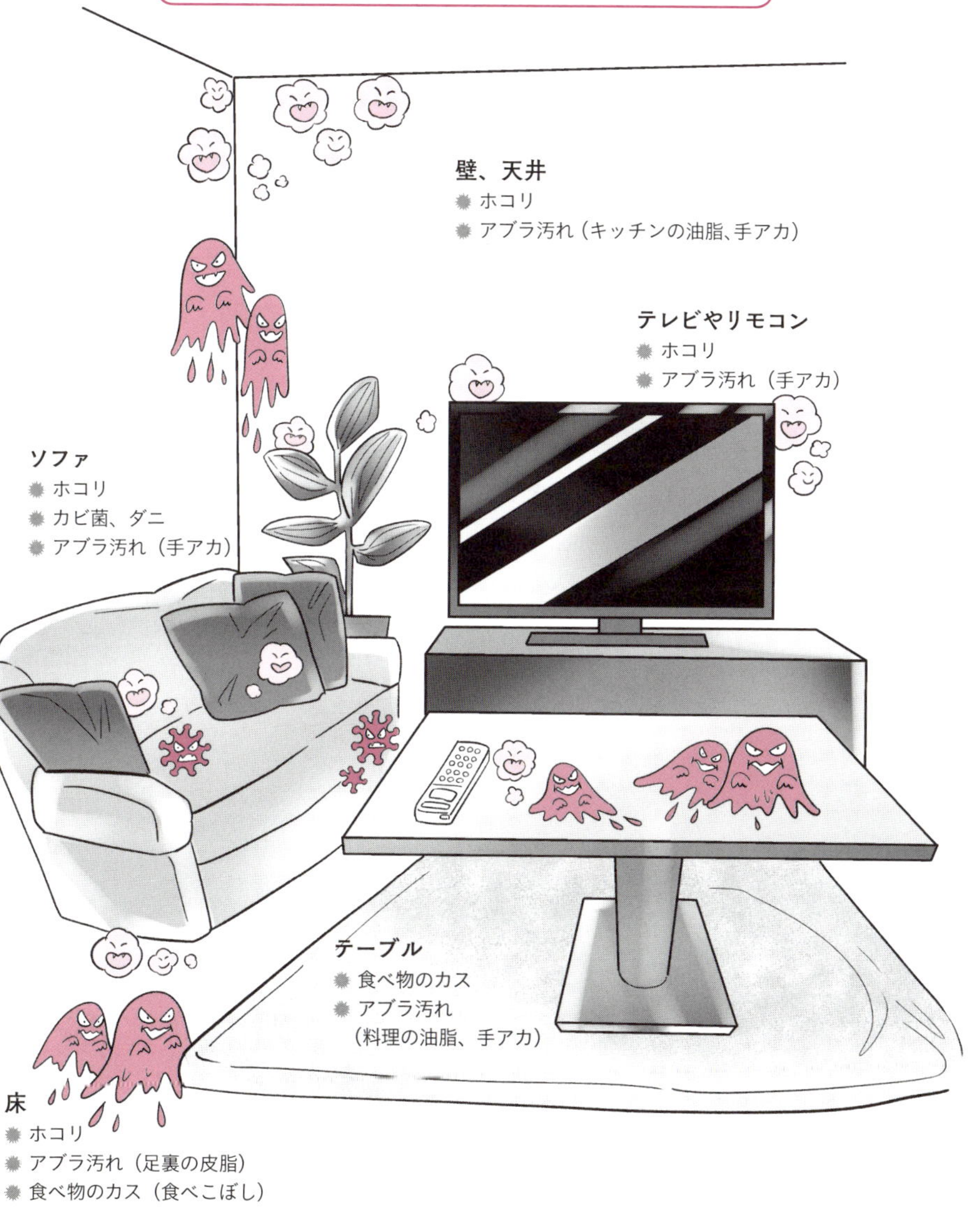

室内掃除のルール

床にホコリをためないことが最優先課題

これが基本

- 毎日すべきはホコリ掃除。洗剤はいりません。
- 定期的にすべきは拭き掃除。これはアブラ汚れを落とすため。
- 湿気がカビのもと。拭き掃除の水分は残さないで！

壁や床の掃除に使うのはコレ

再登場
ホコリパトロール隊
◆ ロボット掃除機部長
◆ 充電式掃除機刑事
◆ ハンディワイパー巡査
◆ フローリングワイパー巡査
拭き掃除軍団
◆ 重曹
床全体を拭くときに
重曹
◆ アルコール
部分汚れには
アルコール
いっぱい！
◆ マイクロファイバークロス

キレイな床を保てば家じゅうがスッキリ

リビング＆寝室掃除の最優先課題は何か、と聞かれたら「床をキレイにすることです」と答えます。

毎日掃除機をかけ（私はロボット掃除機のお世話になります）、こまめにフローリングワイパーや水拭きをしていると、高いところのホコリも激減するのです。浮遊するホコリが減るから、換気口やエアコンのフィルターも汚れにくくなります。

「じゃ、毎日掃除機をかけていればいいんですね」と聞かれることもあるのですが、答えは「いいえ」です。

フローリングをはだしで歩けば、足裏の皮脂が床につきます。食事の食べこぼしや、キッチンからくるアブラ汚れも付着します。床掃除には、拭き掃除が欠かせないのです。こまめな拭き掃除に役立つのがマイクロファイバークロス。水だけでも拭きとり効果抜群です。

床

広い面積を拭くなら重曹水で。しっかり計量して1％に。

マイクロファイバークロスは10枚以上用意して、途中で洗う手間を省く。

部分的な汚れならアルコールでサッと拭きとるのが簡単。

使うもの

重曹水
1%の重曹水なら二度拭き不要。粉の白浮きもナシ

アルコール水
アブラ汚れをとかすので、ワックスがけした床は注意

マイクロファイバークロス
極細繊維が汚れをキャッチしてくれる

その他に使うもの…
割りばし

リビングの床全体をラクラクキレイにするコツ

準備

◆ 室内に掃除機をかけておく。

◆ 40℃のお湯2ℓに重曹小さじ5を入れて重曹水を作る。洗面台にお湯をためて作ると片づけもラク。

1 すべてのクロスを重曹水でしぼる

床を拭く途中で洗いに行かないと短時間で終わる。手荒れも最小限ですむ。

2 部屋の右奥から拭き始める（右利きの場合）

クロスが黒ずんだり、汚れがついたら新しいクロスを。常にきれいなクロスを使って。

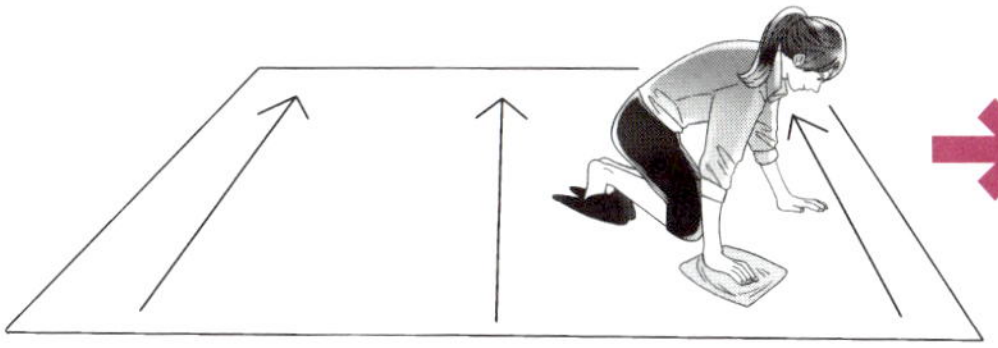

3 床の隅や溝に汚れがついていたら、割りばしを使う

クロスを巻きつけてゴシゴシ。

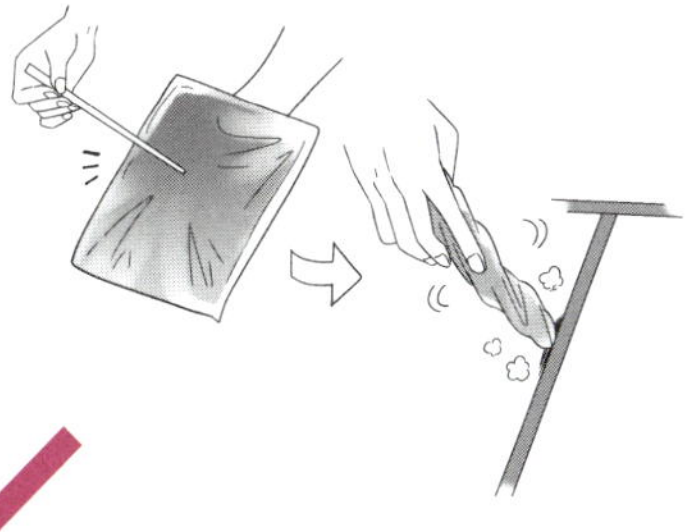

4 拭き終わったら最初に作った重曹水ですすいでからすべてのクロスを洗濯機で洗って干す

壁

※ビニールクロス素材に限る

柄の長いワイパーで高いところのホコリもキャッチ。

広い面積を拭くなら重曹水に浸したクロスで拭く、部分汚れならアルコール水が便利。

黒ずみやガンコな汚れには重曹パック。

使うもの

フローリングワイパー
高い場所のホコリも
ワイパーでサッと

重曹水
二度ぶき不要の 1%の重曹水で

アルコール水
手アカがつきやすいところは
アルコールで

その他に使うもの…
マイクロファイバークロス、
メラミンスポンジ

壁のアブラ汚れ

重曹水に浸してしぼった マイクロファイバークロスで

広い面積を拭くなら、いちいちアルコールを吹きつけるより重曹水に浸してしぼったクロスで拭くほうが手早く終わる。高い場所の汚れはフローリングワイパーにクロスをかませて拭きとる。

高い場所のホコリとり

見えないところは携帯でパシャリ

高い場所のホコリは、踏み台に乗ってもなかなか見えないもの。気になるときは台に乗ったまま腕をのばして写真を撮って確認。ホコリがあれば、フローリングワイパーで拭きとりを。

換気口周辺の汚れ

排気ガスとまじると真っ黒に

ホコリ程度なら、水でしぼったマイクロファイバークロスでとれる。排気ガスとまじって黒ずんでいたらアルコール水で拭く。それでもとれない場合には、メラミンスポンジでやさしくこする。

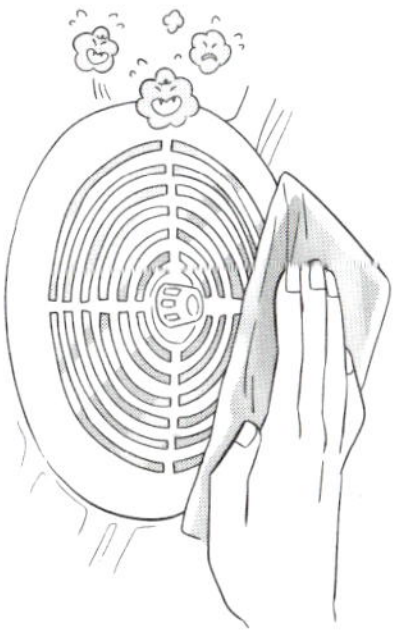

電気のスイッチ

アルコール水で 手アカや皮脂をとる

手アカや皮脂は酸性の汚れなので、重曹でもアルコールでもOKだが、スイッチは電化製品なので水分がつくと故障の原因に。揮発性の高いアルコール水を、乾いたマイクロファイバークロスにスプレーして拭く。

畳・じゅうたん

畳

アルカリ性洗剤は変色のもと アルコール水でしっかり拭きとる

かたくしぼったマイクロファイバークロスに、アルコール水をスプレーして拭く。汚れが気になるところには、アルコールの原液を直接吹きつけると落ちやすくなる。畳のへりはアルコール水を吹きつけ、細いブラシなどで汚れをかきだす。重曹などアルカリ性洗剤は変色の原因になる。

じゅうたん

繊維にからんだ雑菌も アルコールで除菌を

畳と同様、かたくしぼったマイクロファイバークロスにアルコール水を吹きつけて、表面をなでるように拭いていく。汚れがひどい場所には、アルコール水を直接スプレーして汚れを浮き出させ、マイクロファイバークロスで拭きとる。

使うもの

アルコール水
湿気が残るとカビの原因に。揮発性の高いアルコールで

マイクロファイバークロス
アルコールを吹きつけて、拭きとり掃除を

その他に使うもの…
ブラシ

押し入れ・クローゼット

まとめ掃除

衣替えの季節に中身を全部出して拭き掃除を

最初に
掃除機をかける
収納してある
布団や洋服は
全部出す
上から下、
奥から手前に
向かって拭いていく
乾いたマイクロ
ファイバークロス
にアルコールを
しみこませて拭く

使うもの

アルコール水
カビ菌汚れをアルコールで予防

マイクロファイバークロス
アルコールをしみこませて拭く

ぎゅうぎゅうに詰め込みすぎていませんか?

押し入れやクローゼットも拭き掃除しましょう!と言うと、「どこを拭くんですか?」と聞かれることがあります。物が入りすぎていて、拭ける場所がないというのです。

はい、物は全部出しましょう。まず、掃除機をかけます。それから拭き掃除。拭き掃除は、けっして水拭きをしてはいけません。ここは水分を吸収しやすい素材のもの(布団や衣類)が入る場所なので、湿気がこもりやすく、カビが生えやすいからです。

押し入れやクローゼットに使える洗剤は、アルコール一択です。アルコールは揮発性が高く、すぐ乾燥します。除菌効果もありますから、カビの予防にもなります。

なお、カビや菌のすみかをつくらないためにも、ホコリの掃除はできるだけまめにしておきましょう。

家具掃除のルール

洗剤が使える素材か？を必ず確認しよう

これが基本

- ホコリがつきやすいので、ハンディワイパーでなでることを日課に。
- 洗剤を使うときには、必ず材質を確認しよう。
- ニスやワックスでコーティングされた家具にアルコールは使わないこと。
- アルコール不可の汚れ落としには、重曹水を使う。

毎日掃除

食事の前後にアルコール水をスプレーして拭く習慣を

テーブル

アルコール水を吹きつけ
水でしぼったふきんで拭く
テーブルに
ニスなどの塗料が
使われていたら
アルコールNG

アルコールなら油性ペンも消える

食事だけでなく、勉強もお絵かきもするのがダイニングテーブル。汚れの種類も多種多様です。基本はかたくしぼったふきんで水拭きすればいいのですが、アブラ汚れや手アカが気になるときには、アルコールで拭きましょう。ボールペンやクレヨンのあともキレイにとれます。新しくテーブルを買う場合は、アルコールに強い材質をおすすめします。

使うもの

アルコール水
除菌効果が高く、アブラ汚れをとかすので、食べ物を扱う場所に最適

ふきん
食品を扱う場所は、天然素材のふきんで。煮洗いできて清潔

食器棚

毎日掃除　食器を入れたまま、ワイパーで拭く

毎日のホコリパトロールのついでに、食器棚にもハンディワイパーを。静電気の力でホコリが舞い上がらないので、食器を入れたままでも大丈夫。

食器のすき間にハンディワイパーをすべりこませるように

まとめ掃除　食器をとり出して重曹水拭き。完全に乾いてから戻す

大掃除のときには食器をすべてとり出して、重曹水に浸してかたくしぼったクロスで拭く。食品をのせる食器も重曹なら安心。湿気が残るとカビの原因になるので、完全に乾いてから食器を戻す。

重曹水に浸してから、かたくしぼる

使うもの

ハンディワイパー
普段のホコリとりに

重曹水
棚全体の拭き掃除には二度拭き不要の重曹水で

ソファ

使うもの
アルコール水、
掃除機

汚れが目立ったら アルコールで拭きとる

ソファはホコリや食べ物のカスがたまりやすい場所。掃除機でこまめに吸いとっておくといいでしょう。布製のソファにシミがついた場合には、アルコールをスプレーして汚れをとかしだし、乾いた布で拭きとって。革製なら専用クリーナーで。

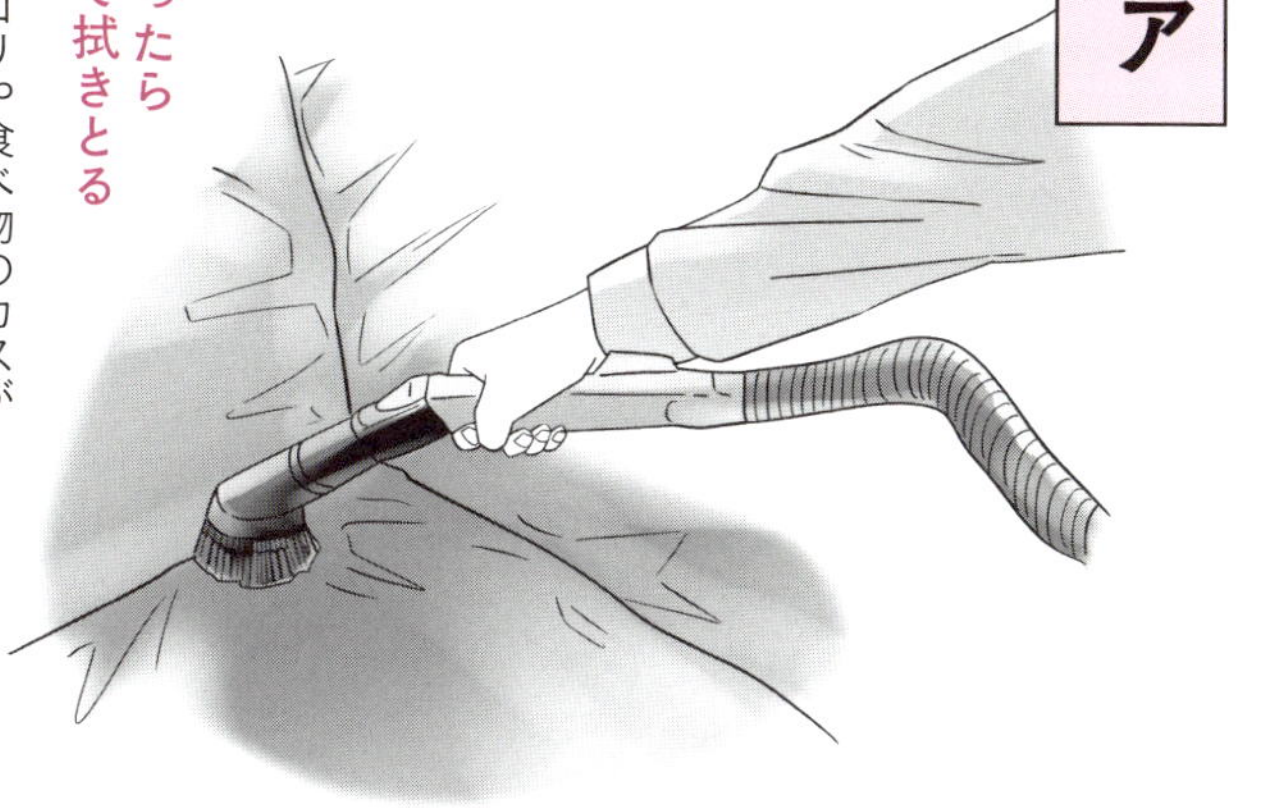

観葉植物

使うもの
ハンディワイパー

葉っぱにホコリがつく前にひと拭き

観葉植物の葉には、ホコリがつきやすいので、こまめにハンディワイパーで拭きとって。呼吸がラクになるのか、元気をとり戻すようです。鉢の周囲に落ち葉や砂などがこぼれていることもあるので、定期的に鉢を動かして掃除機で吸いとって。

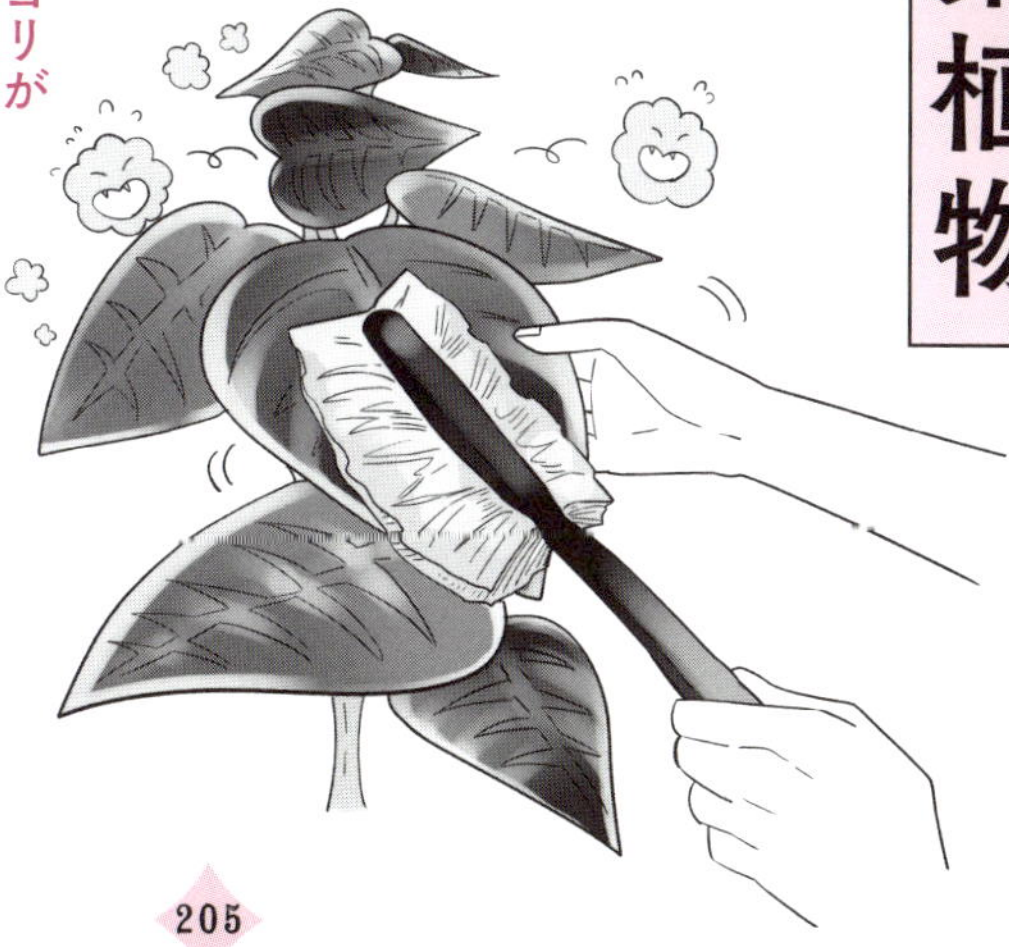

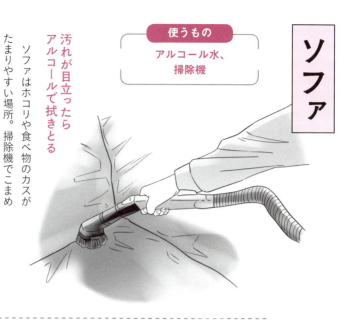

家電掃除のルール

水けは故障の原因に。通電部分はアルコールで

これが基本

- 水分がつくと故障の原因に！使っていい洗剤はアルコールだけ。
- アルコールの直接スプレーは厳禁。乾いたクロスに吹きかけてから拭き掃除を。
- はずせる部品は水洗いしても大丈夫。

照明

毎日掃除

カバーをはずし、シーリングをアルコール拭き

カバーはアブラ汚れが
付着しているので、
石けんでしっかり洗い、
完全に乾かしてから戻す

本体部分はアルコールを
吹きかけたクロスで
拭いておく

LED時代だからこそ掃除を忘れないで

以前は、蛍光灯をとり換えるついでに照明器具の掃除もしていたと思います。今は、とり換えの必要がないLEDが主流。カバーをはずしたことのない人もいるのではないでしょうか。でも、もしかしたら中には羽虫のミイラがいるかもしれません。アブラ汚れもホコリもついているから、できれば年に2回くらいは掃除したいもの。汚れを一掃すれば、より明るくなります。

使うもの

アルコール水

本体の拭き掃除には、
揮発性の高いアルコールを

石けん

はずしたカバーは
石けんで洗おう

その他に使うもの…
マイクロファイバークロス

エアコン

フィルター掃除

ギトギト汚れなら石けんでしっかり洗おう

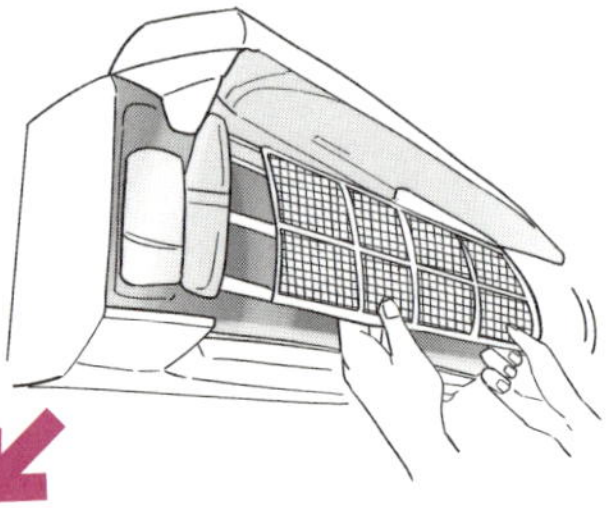

1 エアコンからフィルターをはずす。

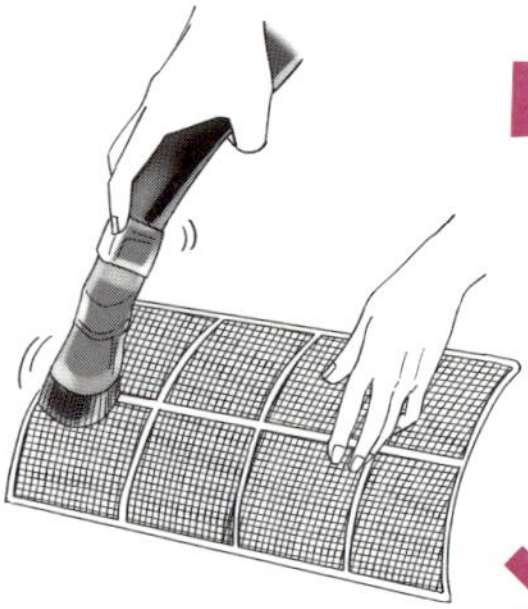

2 フィルターのホコリを掃除機で吸いとる。

3 掃除機で落とせない汚れが残っている場合、全体に水をかけてざっと流したあとで、石けんを泡立ててブラシでこすり洗いし、よくすすぐ。

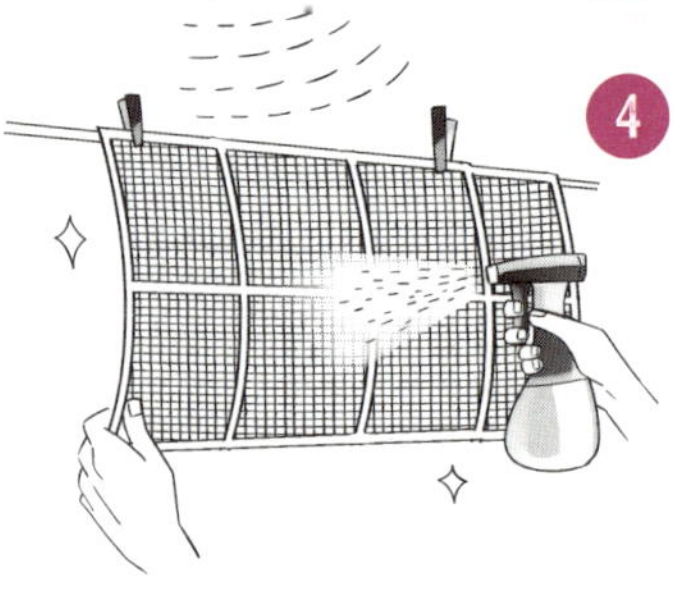

4 アルコール水を吹きつけて干し、完全に乾いたら戻す。

使うもの

掃除機

フィルターのホコリは
掃除機で吸いとる

石けん

はずしたフィルターは
水と石けんで洗おう

アルコール水

本体の拭き掃除には、
揮発性の高いアルコール水を

本体掃除　家庭で掃除できるのは外側とカバーだけです

❶ マイクロファイバークロスを水でぬらし、しっかりしぼってからアルコール水を吹きかける。

❷ エアコンの表面のホコリやアブラ汚れを❶のクロスで拭きとる。

❸ カバーの裏側❶のクロスで拭く。

「2週間に一度フィルター掃除を」の意味

エアコンのフィルターはどの程度の頻度で掃除したほうがいいのか、電器店で聞いてみました。答えは「2週間に一度」だそうです。

エアコンは空気を循環させる機械ですから、室内の汚れが集まります。キッチンの換気扇が汚れていて、調理のアブラや水蒸気がリビングに流れていたり、床のホコリが舞い上がっていたりすれば、フィルター掃除は週に一度でもたりないかもしれません。でも、ホコリもアブラ汚れもない家では、1カ月に一度でも多いかもしれません。「2週間に一度」はその平均値かな、と思いました。

定期的なフィルター掃除は、「わが家の空気はこのくらい汚れているんだ」と実感するいい機会かも。この本を読んだあと、フィルター掃除の頻度が少なくなってくれたら、こんなにうれしいことはありません。

テレビ・パソコンのモニター

毎日掃除

ホコリはまめにとり、画面の皮脂はアルコールで

使うもの

ハンディワイパー

画面のホコリなどを拭きとる

アルコール水、マイクロファイバークロス

拭き掃除はアルコール水をスプレーしたクロスで

画面に直接スプレーするととけることも

静電気のせいで、テレビ周辺にはホコリが集中的に集まってきます。ここはパソコンのモニターもそう。それだけで毎日忘れずにハンディワイパーで掃除したい場所のひとつ。それだけはスッキリしないので、ときどきアルコール水を吹きかけたクロスで拭くと画面もツヤツヤに。ただし、画面に直接アルコール水をスプレーするのは危険。液晶がとけることがありますよ。

リモコン

使うもの

アルコール水、綿棒、
マイクロファイバークロス

ボタンのすき間は綿棒でツツツーッと

テレビなどのリモコンは、手アカやホコリがつきやすいもの。乾いたマイクロファイバークロスにアルコール水をスプレーして全体を拭き、アルコール水をしみこませた綿棒で、すき間の汚れをとり除きます。パソコンのキーボードもこの方法です。

コンセント・コード

使うもの

ハンディワイパー、
アルコール水、
マイクロファイバークロス

コンセント部分には毎日ワイパーを

コンセントや電源の周辺は、ホコリがたまると火災の原因になることがあります。ハンディワイパーでこまめにホコリをとりたいので、差込口を家具で隠さないよう配置に注意を。コードは、アルコール水を含ませたクロスですべらすように拭いて。

加湿器・除湿機

加湿器掃除

汚れはカビ、雑菌、水アカ。清潔維持は至難の業！

1. 加湿器の部品をすべてとりはずして水洗いする。
2. 過炭酸ナトリウム大さじ1をとかしたお湯3ℓを、水タンク、トレイなどに入れ、フィルターなどはつけおきする。お湯が冷めたらすすぐ。
3. 水アカがついている場合には、1％の濃度のクエン酸水につけたあとこすり洗い。
4. アルコール水をスプレーして完全に乾かす。

**2日に1回、内部を乾かす！
内側がヌルヌルしていたら
雑菌が繁殖している証拠です！**

使うもの

クエン酸
加湿器のガリガリ汚れは
水アカなので

アルコール水
雑菌が繁殖しやすいので
除菌が必須

過炭酸ナトリウム
カビや雑菌を除菌、
漂白してくれる

その他に使うもの…
掃除機、石けん

本橋家の加湿器

簡単に洗えるパーソナル加湿器

300mℓサイズ

コップに入れて

除湿機掃除

たまった水は腐敗しやすいので、こまめに捨てて

1. 除湿機にたまった水を捨てる。
2. フィルターをとり出してホコリを掃除機で吸い、必要があれば石けんで洗う。
3. 過炭酸ナトリウム大さじ1をとかしたお湯3ℓを、水タンクに入れて冷めるまでつけおきする。部品などはつけおきする。
4. アルコール水をスプレーして完全に乾かす。

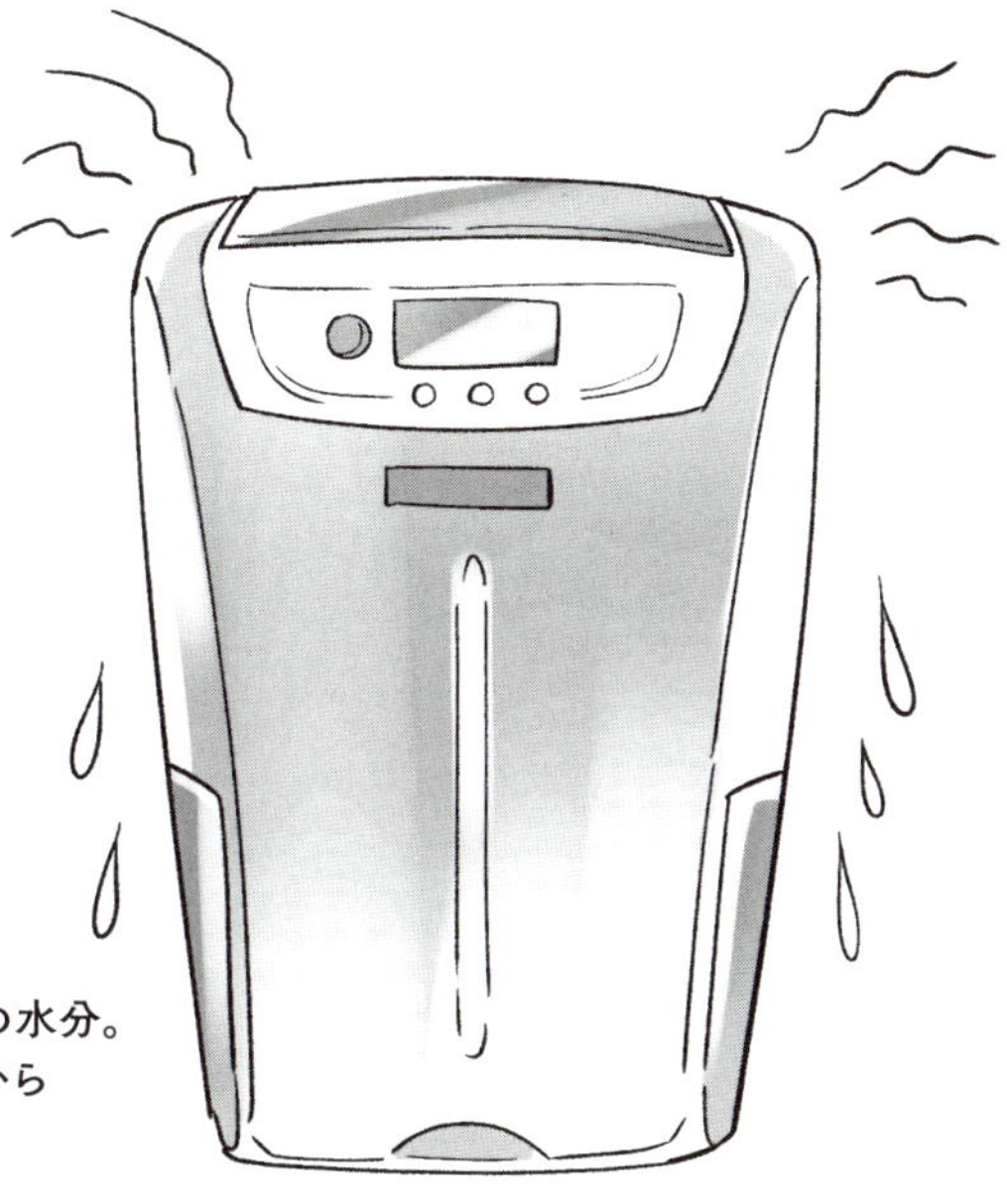

除湿機の水は空気中の水分。塩素が入っていないから腐りやすい！

空気中に細菌をまき散らしていませんか

「加湿器のタンクの水を飲めますか？」と聞くと、多くの人がイヤーな顔をします。でも実際には、そんなイヤーな水を全身に浴びて、呼気として吸いこんでいるのです。

加湿器のタンクやトレイの内側を、こまめに掃除している人は少ないかもしれません。でもよく見るとヌルヌルしていますし、黒カビや赤カビが生えることもあります。だとしても、それはその人のせいではなく、一般的な加湿器が掃除しにくい形状をしているからなのです。

私は、部屋全体を加湿することをやめました。加湿器を清潔にすることが不可能だと思えたからです。そのかわり、パーソナルタイプの加湿器を愛用しています。水筒サイズのもの、コップにくんだ水に差し込むタイプ、どれも洗いやすさが大前提。使うのはもちろん、飲める水です。

布もの掃除のルール

アルコールと重曹でにおいを撃退

アブラ汚れのにおいには重曹水が効く！

カビ・雑菌の予防にはアルコールが効く！

でも、いちばんいいのはザブザブ洗って干すこと。

使うもの

重曹水
重曹水にしてスプレーボトルに入れる

アルコール水
スプレーボトルに入れて使う

クエン酸水
スプレーボトルに入れて使う

カーテン

「焼き肉くさい！」には重曹水をスプレー

「結露のカビ予防！」にはアルコール水をスプレー

消臭は応急処置できるだけ洗おう

お部屋のにおいが気になるときはカーテンが原因かもしれません。においは原因によって、応急処置の方法が変わります。アブラの汚れなら重曹水。タバコのにおいならクエン酸水。どちらもカーテンがしっとりするくらいスプレーします。

結露によるカビの予防にはアルコールが有効です。結露するシーズンはアルコール水を毎日、カーテンがしっとりするくらいスプレーするのがおすすめ。

部屋の大きなにおいを左右するのは、カーテン、ソファ、ラグなど大きな布製品。カーテンのにおいの応急処置をして、他の布ものをチェックしましょう。

いちばんいいのは洗って干すことです。家で洗えるかどうかは洗濯の前にタグを確認しましょう。

寝具掃除のルール

天日干し&アルコール&掃除機が三種の神器

- 寝具の清潔を保つには、こまめな天日干し。
- カバーは洗いやすく、早く乾くものを選び、こまめに洗濯。干す前にたっぷりアルコール水をスプレー。
- ダニの死骸や髪の毛は掃除機で吸いとって。

使うもの

アルコール水
皮脂や汗が、雑菌臭になるのを予防

掃除機
ホコリやダニ対策に

掛け布団、枕

1. カバー類はこまめに洗濯する。
2. 表面がしっとりするくらいまで、たっぷりアルコール水をスプレーする。
3. 天日に干してしっかり乾かす。

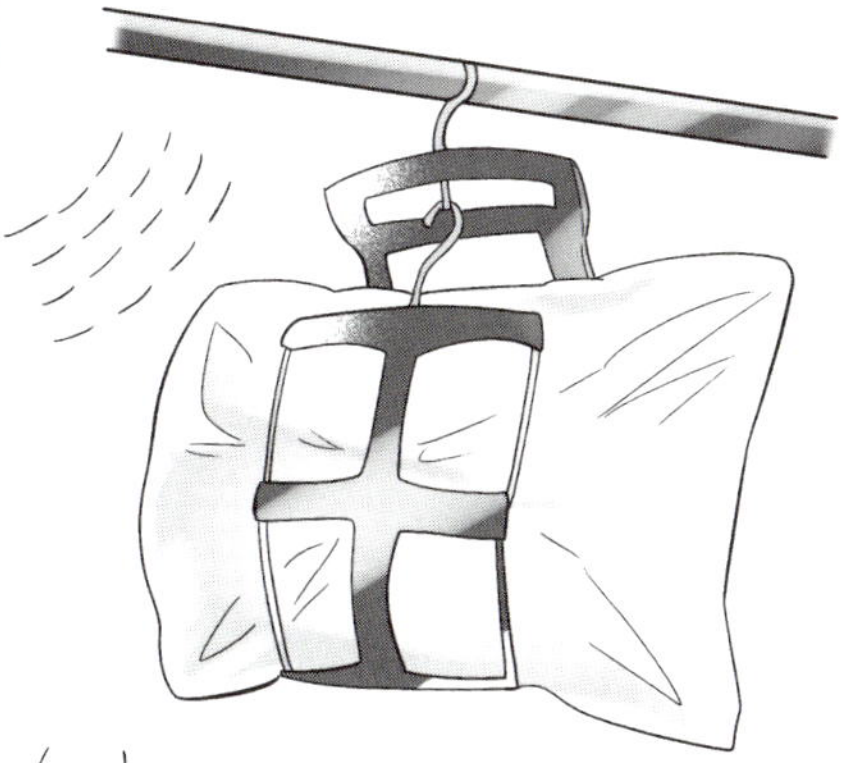

ベッドのマットレス

1. ベッドの表面のゴミを掃除機で吸いとる。
2. 掛け布団などをはずして、空気にあてておく。

スリッパ

1. スリッパの内側にアルコール水をまんべんなくスプレーする。
2. 天日に干して乾かす。

もっと知りたい！ナチュラルクリーニングQ&A

Q 重曹やクエン酸など、粉の洗剤はどうやって保管していますか？

A しっかり密閉できる容器に入れておきましょう

袋のまま使っていると湿気が入りこんで、かたまってしまいます。密閉できる容器に移し替えましょう。私の場合、重曹は5〜6kgの袋で購入して米びつに入れています。小分けするなら、口が狭く湿気にくい「はちみつ容器」なら、粉に手を触れずに使えてとても便利です。小分けには漏斗を使いましょう。

Q 過炭酸ナトリウムは密閉しちゃダメと聞きました

A 酸素ガスが発生するのです

過炭酸ナトリウムだけは、密閉容器に移し替えたあとに注意が必要です。少しずつ酸素ガスを発生するので、月1回くらいは空気を抜く必要があります。ただし、開封していないものであれば大丈夫です。

Q ナチュラル洗剤の定義のようなものはありますか？

A ありません。だからこそ、イメージに惑わされないで

何をナチュラル洗剤とするか、という定義はありません。「自然な」「ナチュラル」「〇〇にやさしい」「無添加」なども厳密なルールのない状態です。天然の植物油を使っていても、作られたものが合成界面活性剤であれば合成洗剤です。原料より、できあがった洗剤の種類を確認しましょう。

Q アルコールを買おうとしたらエタノールが出てきました。どういうこと？

A エタノールはアルコールの種類のひとつ

アルコールにはさまざまな種類があり、エタノールはその中のひとつです。私が使っているのは消毒用エタノールで、除菌効果抜群。揮発性も高いので使いやすいのです。水分を含まない無水エタノールでもいいのですが、高価なので消毒用を使っています。

Q それぞれの洗剤に使用期限はありますか？

A 粉の状態であれば期限はありません

これらの洗剤は基本的に腐るものではありませんので、使用期限はありません。ただし、水にとかしてしまうと腐敗しやすくなります。重曹水は1日、クエン酸水は2〜3週間、アルコール水は3カ月くらいを目安に使いきりましょう。

Q 掃除道具のしまい方は？

A しっかり洗って乾かして、出しっぱなしにしない

掃除道具は、使用後がとても大事です。クロス類やブラシは洗剤で洗い、しっかり乾かしてからホコリのかからない場所（クローゼットや引き出し）にしまいます。私の場合クロス類などはホコリがかからないよう、ふたつきのバケツに入れます。ふたつきバケツはスタッキングもできるので便利です。

おわりに

私がナチュラルクリーニングを始めたのは、今から23年前。
肌が弱くアトピーもあった私は、市販の洗剤や化粧品には
刺激が強すぎて使えないものがたくさんありました。
主婦として家事を始めたのと同時に、
手肌にやさしいナチュラルクリーニング生活がスタートしました。
大学や社会人時代に得た化学や洗剤の知識が、実生活に結びついたのです。
この汚れはどこから来た、どんな汚れ？　だったら洗剤は何を使えばいい？
そう考えると、たくさんの洗剤は必要なくなりました。
必要なのは学校では教えてくれなかった、
汚れを見極める知識だったのです。

小・中学校で習った理科の知識があれば、
驚くほど家事はラクになることにも気づきました。
理科が家庭科に結びつく、そこがわかれば家事は変わるのです。
洗剤には詳しくても、掃除がキライだった私だからこそ、
いかにラクに効率よくキレイを保つかを考えてきました。
そのおかげで、23年間ずっとナチュラルクリーニングが続けられました。
肌にやさしいからと始めた掃除法ですが、
今では短時間で効率よく、
ラクにお掃除をする方法としておすすめしています。
お掃除がキライな、忙しい方にこそ向いているのが、
ナチュラルクリーニングです。

本橋《もとはし》ひろえ

北里大学衛生学部化学科（現・理学部化学科）卒業。化学系の企業に就職し、化学事業部にて水処理事業、化学薬品販売、合成洗剤製造などを担当。結婚を機に退職し、専業主婦として家事を担当。子どもが生まれ、自身と同じアトピー体質であったことから、改めて主婦として洗剤に興味を持つ。掃除、洗濯、洗剤を主婦目線で、かつ科学的に解説するナチュラルクリーニング講座を始め、10年以上がたち、東京を中心に全国に広がっている。現在は、オンライン講座にも力を入れている。著書に『ナチュラル洗剤そうじ術』など。

STAFF

装丁・デザイン　mocha design
イラスト　つぼゆり
編集　神素子
編集担当　宮川知子（主婦の友社）

ナチュラル おそうじ大全《たいぜん》

2019年 7月20日　第1刷発行
2024年 9月10日　第9刷発行

著　者／本橋《もとはし》ひろえ

発行者／大宮敏靖

発行所／株式会社主婦の友社
〒141-0021 東京都品川区上大崎 3-1-1 目黒セントラルスクエア
電話 03-5280-7537（内容・不良品等のお問い合わせ）
049-259-1236（販売）

印刷所／大日本印刷株式会社

 ISBN978-4-07-437145-7